Alexander Langer
Die Mehrheit der Minderheiten

Alexander Langer

Die Mehrheit der Minderheiten

Warum wird unsere Welt
von ethnischem Sauberkeitswahn
und vom grundlosen Vertrauen
in Mehrheiten beherrscht?

Herausgegeben
von Peter Kammerer

Verlag Klaus Wagenbach Berlin

Wagenbachs Taschenbuch 268
Originalausgabe

Umschlaggestaltung Rainer Groothuis. Gesetzt aus der Borgis Caslon.
Gedruckt auf chlor- und säurefreiem Papier und gebunden
durch die Druckerei Wagner, Nördlingen. Printed in Germany.
 ISBN 3 8031 2268 6

Inhalt

Peter Kammerer Vorwort

Alexander Langer (1946–1995) hat ständig geschrieben, fast immer auf Anfrage, fast immer irgendwo auf Reisen, die Schreibmaschine oder den kleinen Computer auf den Knien, für so unterschiedliche Blätter wie ›Die Kommune‹, das ›Antoniusblatt‹ der Franziskaner in Brixen, für Zeitschriften der Grünen oder die internationale Presse. Edi Rabini hat nach dem Tod von Alex (Juli 1995) die verstreuten Aufsätze gesammelt und im Verlag Sellerio herausgegeben (Alexander Langer: ›Il viaggiatore leggero. Scritti 1961–1995‹, Palermo 1996). Was mich überraschte, als ich, zum ersten Mal, das ganze Material zum Teil auf italienisch, zum Teil auf deutsch vor Augen hatte, waren die Klarheit und Hartnäckigkeit, mit der Alex immer wieder auf drei für ihn zusammenhängende Themen zu sprechen kam:

– die Lage in seiner Heimat Südtirol
– die Nord-Süd-Problematik, die Verhältnisse in Osteuropa und die Probleme des Zusammenlebens in den Krisengebieten der Welt
– die Frage nach dem Sinn und der Dynamik der europäischen Einigung.

So wurden auch die hier gesammelten Texte geordnet, und mit der thematischen Anordnung ergab sich wie von selbst eine chronologische, die den Weg widerspiegelt, den Alex gegangen ist: in die Welt, ohne je die Provinz hinter sich zu lassen. »Man muß den Dienstweg einhalten: erst Provinzler, dann Weltbürger«, schreibt der Schweizer Schriftsteller Gerhard Meier. Zu Beginn der 80er Jahre haben die Grünen das Spannungsverhältnis zwischen lokal und global auf die Formel gebracht: »Lokal handeln – global denken« und damit gegen die technologische Einebnung der Welt und ihre Illusion von Ubiquität ein Zeichen gesetzt. Alex hat es verstanden, den Parolen und ›Dienstwegen‹ immer auch eine leicht verkehrswidrige Richtung zu geben. Deshalb steckte seine

Art, Provinzler und Weltbürger zu sein (beides zugleich: der große Traum der deutschen Klassik), voller Überraschungen.

1981 trifft er sich mit Leonardo Sciascia zu einem Gespräch über Südtirol und Sizilien. Von Provinzler zu Provinzler findet man sofort die gemeinsame Ebene für diesen ungewöhnlichen Vergleich: das in beiden Fällen nicht immer glückliche Verhältnis von Heimat und Vaterland; die Frage nach den Wurzeln, erdig oder luftig, wie immer sie auch sein mögen; Vielsprachigkeit und historische Vielschichtigkeit; das Verhältnis zwischen Minderheiten und Mehrheiten: Vermischung, Einigelung, Selbstbestimmung, Integrationsfähigkeit; die doppelte Gefährdung der Provinz durch die Abwanderung produktiver Arbeitskräfte und den Zustrom des Massentourismus. Das sind zentrale Fragen für alle Provinzen der Welt. Aus der Vermutung gemeinsamer Muster hat Alex schon früh einen Schluß gezogen, den man etwa so formulieren könnte: Der Schlüssel zur Heimat öffnet auch die Welt. Oder überspitzt: Wer Südtirol kennt, kennt die Welt. Ein Grund, um nicht nur zu Hause zu bleiben.

Im heimatlichen Südtirol, in diesem zentralen Durchzugsgebiet mit seinen Rändern und Buchten, wo das Nord-Süd-Gefälle ein besonderes Becken bildet, wurden, vor allem in den letzten zweihundert Jahren, extreme Modelle des Zusammenlebens erprobt: von einer bescheidenen Vielvölkerei bis zu Plänen gnadenloser ›ethnischer Flurbereinigung‹, von Versuchen der Zwangsassimilierung bis zur mehr oder weniger rigid betriebenen Trennung der ›Volkskörper‹ und dem ihnen eigenen ›Proporz‹. Die oft verwirrenden ethnischen, sozialen, politischen und kulturellen Verwerfungen sind nur einem morphologisch interessierten und kundigen Blick sichtbar, der sich dem anderen und dem Miteinander nicht verschließt. Alex hatte diesen nicht konformen Blick und hat dafür auch einen Preis bezahlt, noch bevor er wußte, um was es wirklich ging: »In meiner kleinen Stadt, die ich liebe, fühle ich eine gewisse Fremdheit…«, schreibt er in seinen autobiographischen ›Minima Personalia‹. Eine gewisse Fremdheit ist die Vorbedingung und der Preis des Sehens. Woher kommt sie, welches sind ihre Zeichen, welche Reaktionen ruft sie hervor, sind Fragen, die Alex schon früh beschäftigen. Er spürt, daß Gesellschaften oder Gruppen, die diese kleine Fremdheit nicht zulassen, so etwas wie ›heimatblind‹ werden. Er studiert die zum Instinkt gewordenen Reaktionen, die er später unter dem Stichwort ›Tiroler Fremdkörperabwehr‹ zusammenfaßt. Er schätzt an dieser ›Abwehr‹ ihre bewahrende Funktion und unterscheidet das Positive der Tiroler Traditionen von ihrem nationalistisch-reaktionären Gebrauch (gegen Protestanten, Aufklärer, Juden, Sozialisten usw.). Daß er diese letztere, ›auf dem rechten Auge blinde‹ Fremdkörperabwehr unterlaufen, und nicht zum Sonderling oder einsamen Dissidenten abgestempelt werden konnte, verdankt er den Beziehungen, die er nach ›draußen‹ anknüpfen kann und der allgemeinen politischen Entwicklung, die Ende der 60er Jahre die Chancen für ein Zusammenleben der verschiedenen Volksgruppen in Südtirol verbessert. Er hat diese positive Entwicklung, zu der das Wirtschaftswunder und nicht zuletzt der europäische Einigungsprozeß entscheidend beigetragen haben, als eine ›Sternstunde‹ für Südtirol gesehen, die er auch gegen den massiven, lokalen Widerstand wahrgenommen haben wollte. Zusammen mit wenigen Gleichgesinnten begriff er Südtirol als ein Laboratorium für die Mehrdeutigkeit und Durchlässigkeit von Grenzen aller Art, d.h. für die Schwierigkeiten und Freuden des Zusammenlebens.

Am Schicksal der Südtiroler Dissidenten war abzulesen, wie gut die ethnische Zwangsjacke funktionierte. Die ethnischen Blöcke brauchten in ihrem Traum-Wahn von Sicherheit lebende Zeichen ihrer Grenzziehungen bzw. Ausgrenzungen. Die Opfer, die sich dem nicht durch Auswanderung entzogen, blieben trotzig ›eingeklemmt‹ in Tälern und ›Volkstum‹, abgeschnitten von der Welt und kaltgestellt. Die Beerdigung eines Dissidenten und Freundes, des Dichters Norbert C. Kaser im Jahre 1978, wird zu einer politischen Wende. Alex macht den Vorschlag, die Dissidenten, die Brückenbauer, die Mauerspringer, die ›Verräter‹ und Häretiker zu sammeln und »mit der Davidschleuder dem Giganten des Südtiroler Regimes« zu begegnen.

Das bedeutet vor allem, die Definitionsmacht der herrschenden Blöcke über Zusammenhalt und Zugehörigkeit in Frage zu stellen und weiter noch, Heimat nicht mehr negativ, über Ausgrenzungen, sondern positiv, über das Zusammenleben mit anderen zu begreifen. Dieses Zusammenleben ist nur möglich in einem historischen Raum. Alex betreibt Heimatgeschichte in diesem Sinne, als Vertiefung und Erweiterung dieses Raums, den er, wie Johann Peter Hebel es tat, mit biblischen Gestalten bevölkert und mit der Weltgeschichte verbindet. Denn was wäre Heimat ohne solche Perspektiven?

Die größte Niederlage seiner Bemühungen war die sogenannte Sprachgruppenerfassung 1981 und 1991 mit obligatorischer, namentlicher Zugehörigkeitserklärung zu einer der drei offiziellen Sprachgruppen. Von dieser Erklärung wird die Wahrnehmung bestimmter bürgerlicher Rechte und sozialer Leistungen abhängig gemacht, ein Schritt also in Richtung Apartheid. Es gab Widerstand und Verweigerung. Die eigentliche Niederlage bestand jedoch nicht in der Durchführung dieser Maßnahme durch eine ›heimatblinde‹ Mehrheit, sondern in der wohlwollenden Gleichgültigkeit, mit der alle Parteien, die sich demokratisch nennen, diesen Schritt vollzogen haben. Bis heute besteht in der Südtiroler Öffentlichkeit keine Sensibilität und kein Bewußtsein für die möglichen Folgen dieses Attentats auf die Demokratie und für das Zusammenleben der verschiedenen Volksgruppen. Für Alex war diese Frage bis zuletzt ganz zentral. Seine Weigerung, sich ethnisch festschreiben zu lassen, kostete ihn Anfang der 80er Jahre seine Stelle am deutschsprachigen Gymnasium in Bozen und beraubte ihn im Frühjahr 1995, wenige Monate vor seinem Freitod, des Rechts, für die Bürgermeisterwahl in Bozen zu kandidieren. Kein noch so ehrendes, öffentliches Erinnern an Alex darf diese Schande verschweigen.

Ausgrenzungen und Beschneidung von Freiheitsrechten erfolgen meist unter dem Diktat von Sicherheitsbedürfnissen. Alex hat diese Frage immer sehr ernst genommen. Auf Grund seiner Erfahrungen kam er dazu, die wirksamste Sicherheitsgarantie für gefährdete Minderheiten nicht in Trennungen und eindeutigen Grenzziehungen zu suchen. Denn diese erweisen sich fast immer als Illusion und Quelle neuer Spannungen. Natürlich redet er auch nicht reiner Grenzenlosigkeit das Wort. Er mißtraut den einfachen Antworten auf komplexe Problemstellungen. Seine Fragen zielen ab auf die Durchlässigkeit von Grenzen, er sieht das Trennende nie losgelöst vom Gemeinsamen, er hat immer einen kreativen Gesamtprozeß im Auge, das ›solve et coagula‹ der Alchimisten (stammt er nicht aus der Silberstadt Sterzing?), die Kunst des Lösens und des Bindens von Elementen. Also Sicherheit durch Vielfalt und nicht durch Einigelung und Vereinfachung.

Mit dieser Arbeitshypothese, mit diesem ›Verdacht‹, wie er selbst äußerst vorsichtig sagt, besucht er als engagierter Pazifist und später auch im Auftrag der europäischen Institutionen die Krisengebiete der 80er und der beginnenden 90er Jahre. Seine Reiseberichte sind eine Art Fortschreibung der ›Minima Personalia‹ und verraten die gleiche Handschrift: immer subversiv, immer konstruktiv. Man wird lange suchen müssen, bis man wieder jemand findet, der mit diesem Widerspruch so souverän, so leicht und so produktiv umgehen kann, wie es Alex getan hat.

In seine politische Tätigkeit auf europäischer Ebene (er ist seit 1989 Abgeordneter der Grünen im europäischen Parlament und in verschiedenen Ausschüssen aktiv) fließen viele verschiedene Erfahrungen: die seines Südtiroler ›Laboratoriums‹ für Zusammenleben; sein internationalistisches, soziales Engagement bei Lotta Continua; sein Eintreten im Nord-Süd-Konflikt und in der Ökologiebewegung; und nicht zuletzt seine tiefe Religiosität, aus der sich seine Bereitschaft und seine Fähigkeit zum ›Umdenken‹ speisen. All das befähigt ihn zu einer Vision von Europa, die wie jene der Gründerväter, nicht von den Interessen großer Staaten oder führender Unternehmen ausgeht, sondern von den Konflikten, deren Antwort und Lösung Europa sein soll. Das ist heute ein eher ungewöhnlicher Ansatz. Denn der scheinbar lokale Charakter der heutigen Konflikte verführt zu der Vorstellung, ein solides Kerneuropa müsse sich von ›Störungen‹ abschirmen und könne dann um so erfolgreicher im globalen Wettbewerb der großen Wirtschaftsregionen bestehen. Die ›abrutschenden Bergbauern‹ gelten ebenso als zu isolierende ›Störfaktoren‹ wie die durch den Krieg entwurzelten Bevölkerungen des ehemaligen Jugoslawien. Gerade als Ökologe weiß Alex, daß die Zerstörung von Gesellschaften und eine Politik, die periphere Verödungen in Kauf nimmt, Kosten verursachen, die weit über das hinausgehen, was selbst die reichsten Wirtschaftsräume tragen können. Die Illusion, man könne Probleme durch Verdrängung lösen – und das dazugehörige schlechte Gewissen – sind die Ingredienzen einer Europapolitik, die sich die Bewahrung und Herstellung des Friedens als absolut prioritäres Ziel nicht mehr vorstellen kann.

Der letzte, von Alex inspirierte Aufruf vom Juni 1995, endet mit dem Satz, den man als kühle Feststellung lesen muß, um seine Tragweite zu erkennen: »Europa stirbt oder wird neugeboren in Sarajewo«. Er spricht sich unter anderem für den Einsatz internationaler, militärischer Mittel aus, um die ›ethnische Flurbereinigung‹ zu stoppen und um außerhalb der lokalen, militärisch-ethnischen Blöcke in Bosnien-Herzegowina jenes Minimum an Ordnung zu garantieren, das Zusammenleben überhaupt wieder möglich macht. Steht die Politik am Ende ihrer Möglichkeiten? Schon im Sommer 1993 hatte Alex notiert: »Europäische Gemeinschaft als Traum, als Perspektive, verblaßt, aber immer noch das Glaubhafteste.« Und so enthält auch dieser Aufruf eine Fülle politischer Indikationen, um die gängigen, ethnisch geprägten Feindbilder zu unterlaufen, um die Erfahrungen der Friedensbewegung nutzbar zu machen, um den europäischen Institutionen Wege zu zeigen, die das friedliche Zusammenleben in den verwüsteten Gebieten aktiv befördern.

Der große Atem des ›Umdenkens‹ durchzieht alle Schriften Alexander Langers. Er hat nie nur etwas, sondern immer auch sich selbst mitgeteilt. Auch an jenem Julitag 1995, an dem er seinem Leben ein Ende gesetzt hat. »Seid nicht traurig, macht weiter, was gut war«, schreibt er in seinem Abschiedsbrief. Die Vergangenheitsform des ›was gut war‹ fordert auf zu einer Bilanz, markiert aber auch eine Schwelle: Unser Weiterleben in dem Raum, der für ihn nun Vergangenheit ist. Er hinterläßt uns die alten Fragen, die ihn ständig beschäftigt haben, die er immer wieder neu formuliert, manchmal an Freunde verschickt oder auch bloß notiert und mit sich herumgetragen hat, wie zum Beispiel diese:

Fragen (4.3.1990)
was kann uns eigentlich motivieren?
die welt ändern oder bewahren?
solidarität als selbstbefriedigung?
radikalität aufgeben?
ethos der revolution?
die gewaltfreien revolutionen im osten...
ohne system im rücken?
gibt es irgendwo eine trennungslinie zwischen freund und feind?
auf wen kann man sich verlassen?
gibt es eine askese, die einem hilft und einen schmiedet?
selbstverleugnung – glaubhaft oder gefährlich (unmenschlich, bürokratisch, heuchlerisch...)?
was sagt dir der süden der welt? nur aus schlechtem gewissen?
warum überhaupt anderswo das »heil« suchen (warum denn in die ferne schweifen...)
würdest du denn auch so leben, wie du vorgibst, daß man leben sollte?
würdest du deine zeit mit den adressaten deiner solidarität verbringen?
professionalität. könntest du auch ohne politik leben?
hast du dich eigentlich gefragt, was es bringt/gebracht hat?
altruismus/egoismus?
welche konstanten?
welche synthese (z.b. gerechtigkeit, frieden, bewahrung der schöpfung)?
was würdest du anders machen?
verweigerungspotential...

seit über 25 jahren bist du engagiert (»militante«) und hast alle erfahrungen durchgemacht, die des pazifismus, die der christlichen linken, die von 1968 (bereits »erwachsen«), die des extremismus der 70er jahre, die der solidarität mit chile, lateinamerika, portugal, palästina, die der neuen linken, die der lokalen bewegungen, die der dritten welt und der ökologie – woher nimmst du die energien, um immer noch zu »machen«?

Chancen und Hindernisse für eine Zweisprachigkeit in Südtirol

Südtirol ist ein heute in Europa in dieser Art wohl einmaliger Fall institutionalisierter Mehrsprachigkeit (vor allem deutsch und italienisch, daneben in gewissem Maße auch ladinisch).

Stichworte zur Geschichte

Ehemaliges österreichisches Territorium, vorwiegend deutsch und ladinisch besiedelt. Teil des mehrsprachigen alten Tirol, ist Südtirol am Ende des Ersten Weltkriegs gegen den Willen der Bevölkerung von Italien annektiert worden. Im Laufe von rund 60 Jahren brachte dies große Veränderungen mit sich: staatlich geförderte Einwanderung italienischer Bevölkerung (heute ein schwaches Drittel), Industrialisierung der Talsohle, Minderheitensituation für die angestammte Tiroler Bevölkerung, italienischer Faschismus in Südtirol als auch nationale Unterdrückung, (auch als Reaktion darauf:) ziemlich hohe Identifizierung der Südtiroler mit dem Nationalsozialismus, Verbleib Südtirols bei Italien auch nach 1945 mit einem internationalen Vertrag zwischen Österreich und Italien für mehr Minderheitenschutz und Sonderautonomie (1946).

Die erste Antonomieregelung von 1948 wurde als ungenügend empfunden, man kämpfte um mehr. Ende 1971 wurde sie umfassend reformiert und erweitert. Diese Autonomiereform (›Südtirolpaket‹) steht heute noch im Zuge der Durchführung, Österreich hat ein gewisses Mitspracherecht, eine gemischte paritätische Kommission (Südtirol – Italien) arbeitet die betreffenden Bestimmungen aus.

Die ›dominierende Minderheit‹

Das Kräfteverhältnis zwischen den Sprachgruppen hat sich im Lauf des letzten Jahrzehnts im Zuge der Autonomiereform und einer auch dadurch bedingten wirtschaftlichen Expansion wesentlich geändert. Heute spricht man von den Tirolern in Südtirol als einer ›dominierenden Minderheit‹: Minderheit sind sie gegenüber dem Staat, dominierend im eigenen Territorium der »Autonomen Provinz Bozen – Südtirol«, mit weitgehend eigener Gesetzgebung und Verwaltung.

Politische Rahmenbedingungen

Heute leben in Südtirol etwa 430 000 Menschen, davon zwei starke Drittel deutscher Muttersprache, ein schwaches Drittel Italiener, etwa 4% Ladiner, wobei fließende Übergänge und andere Volkszugehörige unberücksichtigt bleiben.

Die von der CSU-ähnlich ausgerichteten ›Südtiroler Volkspartei‹ maßgeblich regierten Landesbehörden betreiben eine Politik der ziemlich dezidierten Volksgruppentrennung, die von manchen Kräften als Vorstufe zur Selbstbestimmung (mit welchem Ziel bleibt unklar) verstanden wird. Der italienische Staat toleriert diese Politik, da er an einem guten Verhältnis zur ›Südtiroler‹ Volkspartei interessiert ist; die ideologisch ähnlich ausgerichteten italienischen Lokalpolitiker bemühen sich ihrerseits, den italienischen Nationalismus als Sammelbecken ihrer Volksgruppe zu verwenden.

Eine Minderheit der Bevölkerung aller Sprachgruppen (politisch vor allem von der inter-ethnischen ›Neuen Linken / Nuova Sinistra‹ vertreten) strebt anstelle des dominierenden ›Volkstumskampfes‹ eine Linie der Zwei- und Mehrsprachigkeit an: durch diffuse Beherrschung und Verwendung zumindest der beiden wichtigsten Landessprachen (deutsch und italienisch) und Zugang zu mehreren Kulturkreisen sollen Barrieren abgebaut und interkulturelle Kommunikation und Zusammenleben erleichtert werden. Außerdem soll dadurch eine nicht rein ethnozentrische Polarisierung der Gemeinschaftsbildung gefördert werden und somit mehr Pluralismus und demokratische Auffächerung angestrebt werden.

Der positive Wert der Erhaltung und Pflege der ethnischen und kulturellen Identität der Sprachgruppen wird heute in Südtirol grundsätzlich von allen Richtungen anerkannt, wenn auch mit sehr verschiedener Akzentsetzung und praktischer Ausgestaltung, wobei die Verfechter einer fast völlig getrennten Entwicklung der Volksgruppen den Ton angeben. »Je klarer wir trennen, um so besser verstehen wir uns« lautet der bekannte Wahlspruch des für Kulturangelegenheiten maßgeblich verantwortlichen Südtiroler Regierungsmitgliedes.

Sprachgruppenregistrierung 1981

Im Oktober 1981 wurde erstmalig jeder Südtiroler Bürger unter Androhung rechtlicher Sanktionen und Verlustes zahlreicher Rechte gezwungen, seine individuelle und auf mindestens 10 Jahre verbindliche Zugehörigkeit zu einer der drei legal anerkannten Sprachgruppen zu erklären und registrieren zu lassen. Diese Maßnahme wurde, trotz erheblicher Proteste von Minderheiten, einvernehmlich von der Staats- und Landesregierung vorgenommen und hat eine Stärkung der deutschen (66,5 %, +3,5 % gegenüber 1971) und ladinischen (4,1 %, +1,4 %), sowie eine Schwächung der italienischen Sprachgruppe (29,4 %, −3,9 %) verzeichnen lassen.

Sprachensituation

Von der Sprachensituation her gesehen, sind de facto die meisten deutschsprachigen Südtiroler (und erst recht die Ladiner) imstande, genügend italienisch zu sprechen und zu verstehen – oft schon in der 2. oder 3. Generation. Aus der Not, die Staatssprache lernen zu müssen (was früher unerläßlich war), haben sie eine Tugend gemacht, die heute einen sehr konkreten und spürbaren Vorteil am Arbeitsmarkt darstellt.

Zugleich haben die deutschsprachigen Südtiroler zwar (zu Recht) immer die gleichberechtigte Anerkennung des Deutschen als Amtssprache verlangt, aber keinerlei nennenswerte Anstrengung unternommen, ihren italienischsprachigen Mitbürgern das Erlernen der deutschen Sprache zu erleichtern. Im Gegenteil, vielleicht sah man in der Unkenntnis des Deutschen von seiten der Italienisch-Südtiroler auch eine Art Garantie für deren Nichteinmischung in die inneren Angelegenheiten der Minderheit.

Heute verbietet die Südtiroler Landesregierung geradezu der italienischen Sprachgruppe, ihren Kindern einen frühzeitigen Vorschulkontakt zur deutschen Sprache zu vermitteln, was von vielen italienischsprachigen Eltern intensiv angestrebt wird.

Die allermeisten italienischsprachigen Bewohner Südtirols sind hingegen nicht zweisprachig und verstehen nur wenig oder kein Deutsch. Dafür hat die italienische Sprache als Staatssprache immer noch einen besseren Rechtsstatus und eine gewisse Dominanz im öffentlichen und normierten Bereich. Allerdings ist die Gleichstellung der beiden Sprachen im Lande gesetzlich festgelegt und die (durch Prüfung nachzuweisende) ›Zweisprachigkeit‹ sämtlicher Angehöriger des öffentlichen Dienstes, mit Ausnahme der militarisierten Einrichtungen, vorgeschrieben und zwingendes Einstellungserfordernis.

Mundart

Zu berücksichtigen ist, daß die deutschsprachige Südtiroler Bevölkerung als Haus- und Alltagssprache die Mundart verwendet. Deshalb ist der Erwerb der deutschen Hoch- und Umgangssprache vor allem für Kinder im ländlichen Raum mit einer gewissen Anstrengung verbunden.

Besonders für die Italiener und Ladiner ist es schwer und oft nahezu unmöglich, die verschiedenen Ebenen der in Südtirol verwendeten deutschen Sprache zu erwerben.

Sozialstruktur

Die Sozialstruktur der beiden größeren Sprachgruppen (die Ladiner können diesbezüglich zusammen mit der deutschen betrachtet werden) weist immer noch merkliche Unterschiede auf, allerdings in minderem Maße als in der Vergangenheit. Dies wirkt sich natürlich auch auf die Verwendung der beiden Hauptsprachen aus. In der deutschsprachigen Bevölkerung dominieren die mehr traditionellen Erwerbszweige wie Landwirtschaft, Handwerk, Handel, Fremdenverkehr, Kleinbetriebe, Lokalverwaltung; in der italienischsprachigen Bevölkerung sind Industriearbeit, öffentlicher Dienst (vor allem Staatsdienst), Baugewerbe überproportional vertreten, wobei zudem die deutschsprachigen Südtiroler stärker auf dem Land, die italienischsprachigen mehr in der Stadt zu finden sind.

Mit Ausnahme von Grenzfällen (etwa: Landwirtschaft/deutsch, Militär und Polizei/italienisch) gibt es keine ausnahmslose Domäne der einen oder anderen Gruppe.

Positive Voraussetzungen

Gute Voraussetzungen sind, unter anderen:

a) der Stellenwert der beiden Sprachen ist heute sehr ähnlich. Die beiden Sprachen genießen vergleichbares Sozialprestige (was früher, zur Zeit der Diskriminierung der deutschsprachigen Südtiroler nicht der Fall war und auch in Zukunft nicht mehr so sein könnte, wenn z.B. eine revanchistische Politik die Benachteiligung der Italiener im Schilde führen oder, vielleicht als Reaktion darauf, der Staat seinerseits den Spielraum der Tiroler Minderheit wieder beschneiden sollte); beide Sprachen kommen in breiter Diffusion vor, die Unterschiede in den Geltungsbereichen gleichen sich in etwa aus;

b) beide Sprachen genießen heute ähnlichen Rechtsschutz (Differenzen, die es gibt, kompensieren sich beispielsweise durch die unterschiedliche ökonomische Stärke der Sprachgruppen);

c) die beiden Sprachen sind durchaus wettbewerbsfähig; es handelt sich um zwei große, aneinander angrenzende europäische Kultursprachen, die ›rangmäßig‹ zweifellos vergleichbar sind;

d) das reale Vorkommen der beiden Sprachen ist in etwa äquivalent, die Sprachen werden vielfach gleichzeitig gesprochen (Geschäfte, Ämter, Arbeitsplätze, Stadt, Familie, usw.); Übergänge, auch viele Male täglich, sind keine Seltenheit; in vielen (auch familiären) Bereichen gibt es regelrechte Misch-Situationen;

e) die Minderheit im Staate ist Mehrheit im Lande, das Staatsvolk hingegen ist auf lokaler Ebene in der Minderheit; ökonomisch sind viele Bereiche eher eng verflochten; die beiden Gruppen sind durchaus konkurrenzfähig, wenn auch ungleich stark;

f) die gesetzlich geforderte Zweisprachigkeit im öffentlichen Dienst zwingt einen erheblichen Teil der Bevölkerung sowieso zur Erlernung beider Sprachen;

g) beide Sprachen haben einen durchaus vitalen Kontakt zum jeweiligen Mutterraum und sind dadurch gegen Verkümmerung und Isolierung besser geschützt;

h) im gegenwärtigen historischen Augenblick besteht – vielleicht zum ersten Male, und für wie lange? – in beiden größeren Sprachgruppen in vergleichbarem Ausmaß die Einsicht in die Notwendigkeit/Nützlichkeit, die zweite Sprache zu erlernen, bzw. dafür zu sorgen, daß zumindest die Kinder sie lernen.

Politische Hindernisse

Die Gegenindikationen kommen im wesentlichen von der politischen Führung, die offensichtlich (und in gewissem Maße in beiden Gruppen) befürchtet, eine allzu verbreitete Zweisprachigkeit könnte die Besitzansprüche der einen oder anderen Seite in Frage stellen oder den ethnisch-politischen Zusammenhalt der Gruppe gefährden und neue Formen der Solidarität auch über die Grenzen der eigenen Sprachgruppe hinweg möglich machen

Daher besteht von dieser Seite her die Tendenz, aus der Zweisprachigkeit eher ›zweimal Einsprachigkeit‹ zu machen: nämlich getrennte Geltungsbereiche für die beiden ›gleichberechtigten‹ Sprachen. Diese Trennungspolitik arbeitet systematisch und Schritt für Schritt. Noch ist man zwar nicht bei getrennten Sprachkantonen angelangt (die aber von mancher Seite schon angeregt werden), doch greift die Trennung – auch durch die gezielte Wirkung entsprechender behördlicher Maßnahmen – in Kultur, Schule, Freizeit, Sport, Politik, Kirche, Wohnen, Amtssprache usw. immer mehr um sich und frißt zunehmend auch in den ökonomischen und gewerkschaftlich-sozialen Bereich – eine regelrechte ›Entmischungsstrategie‹.

Die schon erwähnte individuelle Festschreibung sämtlicher Bürger nach Sprachgruppen (Kinder inbegriffen) mit Verleihung des entsprechenden Status mit zum Teil noch ungeklärten Folgen war der bisherige Höhepunkt dieser Trennpolitik.

Unter diesen Umständen ist es also kein Wunder, wenn die Konflikte zwischen den Sprachgruppen steigen und die oben beschriebenen positiven Voraussetzungen für Zweisprachigkeit mehr und mehr in Frage stellen.

Historische Sternstunde?

Aufgrund des bisher Gesagten möchte ich die Behauptung wagen, daß es in bezug auf Gemeinschaften ähnlich wie bei Individuen günstige und weniger günstige Phasen für den Spracherwerb gibt.

Bei Gemeinschaften sind natürlich sozialpsychologische, kulturelle, historische und gesellschaftspolitische Momente wesentlich stärker als entwicklungspsychologische oder pädagogische Faktoren. Die gesellschaftliche Bewertung und Verarbeitung der Zweisprachigkeit und vor allem der Beziehungen zwischen den Sprechergruppen (›Kultur des Zusammenlebens‹) spielen dabei die ausschlaggebende Rolle. Im Fall Südtirols besteht heute die konkrete Gefahr, daß politisch erzeugte nationalistische Engstirnigkeit eine vielleicht in Europa einmalige historische Chance vertut – auch auf die Gefahr hin, daß die heute gegebene relativ positive Konjunktur sich vielleicht nie mehr einstellt und die Anheizung von Konfliktbereitschaft die Kontakt- und Begegnungsmöglichkeiten belastet oder gar zerstört, um Exklusivansprüche anzumelden und durchzusetzen versuchen. Was also heute not tut, ist eine außergewöhnliche Anstrengung der gesamten Südtiroler Gesellschaft – was nicht ohne den politischen Willen der verantwortlichen Behörden erreicht werden kann – zum systematischen Erwerb breitgestreuter Zweisprachigkeit, etwa einer richtiggehenden Alphabetisierungskampagne vergleichbar.

Die Alternative zur Bereitschaft zu Zweisprachigkeit und Zusammenleben heißt wahrscheinlich Volkstumskampf und übersteigerter Ethnozentrismus.

Europäisches Interesse

Daß in Südtirol selbst die gesamte Sprachenfrage vor allem als volkstumspolitisches Streitobjekt verstanden und behandelt wird, darf nach dem Gesagten nicht wundernehmen. Um so schmerzlicher empfindet man das Fehlen jeglicher wissenschaftlicher Institution auf lokaler Ebene, die den zahlreichen Problemen der Mehrsprachigkeit ihr qualifiziertes Forschungsinteresse widmen würde (nebenbei gesagt: trotz aller politischer Alarmrufe über das ›gefährdete Deutschtum‹ hat man es in Südtirol auch versäumt, eine entsprechende Institution zur Pflege der deutschen Sprache zu schaffen).

Bei der Bewältigung dieses und ähnlicher lokaler Konflikte könnte eine größere, und somit relativierende Öffentlichkeit eine wichtige Rolle spielen. Eine breitere sowohl wissenschaftliche wie europäische Aufmerksamkeit gegenüber den Problemen dieser Region würde sich zweifellos positiv auswirken – auch im Interesse wissenschaftlicher Erforschung und europäischer Bewältigung solcher Entwicklungen und Konflikte.

Südtirol als Modellfall?

Interessant wäre es, über den Modellfall Südtirol hinaus, aber auch anhand dort erworbener Erfahrungen und Erkenntnisse – und im Vergleich mit anderen Situationen – zu untersuchen, ob unter den genannten Voraussetzungen Zwei- oder Mehrsprachigkeit ohne Bastardisierung der beteiligten Sprachen möglich ist (wie wir aufgrund der bisher vorliegenden Erfahrung im wesentlichen annehmen), und ob Südtirol nicht vielleicht auch für manch andere Situation exemplarischen (positiven oder negativen) Wert haben könnte, gerade mit Rücksicht auf die Probleme einer ›Kultur des Zusammenlebens‹. Ich denke dabei vor allem an andere Minderheiten oder Mehrsprachigkeitsgebiete, mit inbegriffen das Problem der Arbeitsimmigranten.

MANE, THEKEL, PHARES: Bibel, Option, Bischof

Bibel

›Und das sind die Zeichen, die geschrieben sind: Mane, Thekel, Phares. Und das ist die Deutung der Worte: Mane, gezählt hat Gott dein Reich und macht ihm ein Ende; Thekel, gewogen wardst du auf der Waage und zu gering erfunden; Phares, geteilt wird dein Reich und den Persern und Medern gegeben…‹ (Buch Daniel, im Alten Testament, 5. Kap.). Die Feuerzeichen zu Babylon, beim König Baltasar.

Gezählt, gewogen, geteilt, mane, thekel, phares.

Bei uns geschehen im Herbst des Jahres 1981, unter dem Beifall sämtlicher Großen des Volkes.

Zählen, wägen, teilen: mir fallen immer wieder biblische Erinnerungen ein.

Adam, der die Tiere und Lebewesen mit Namen benennt und damit die Herrschaft über sie gewinnt. Das Volk Israel, das beim Durchzug durch die Wüste nicht nur die zehn Gebote und zahlreiche Vorschriften und Gottesdienste erhält, sondern auch genauestens eingeteilt wird in Stämme und Geschlechter, so daß sich ein ganzes Buch (›Numeri‹ geheißen) mit dieser Zählung und Einordnung zu beschäftigen hat.

Teilen und herrschen, zählen und ordnen, unterordnen, anordnen.

Mit einem Kennzeichen versehen: damit die Plage und der Schrecken nicht alle, sondern nur die dafür Ausersehenen treffe.

›Und der Herr sprach zu Moses: Noch eine Plage will ich Pharao und Ägypten verhängen, und danach wird er euch von hier ziehen lassen, ja er wird euch sogar gewaltsam von hier forttreiben…‹ Da sprach Moses: ›So spricht der Herr: um Mitternacht werde ich durch Ägypten gehen, dann soll alle Erstgeburt sterben im Lande der Ägypter… auch alle Erstgeburt des Viehs. Und es wird ein groß Geschrei sein im ganzen Lande Ägypten, desgleichen zuvor nie war noch fernerhin sein wird. Aber gegen die

Söhne Israels wird kein Hund die Zähne spitzen, weder gegen Mensch noch gegen Vieh, auf daß ihr erkennet, wie wunderbar der Herr scheidet zwischen den Ägyptern und zwischen Israel. Dann werden demütig zu mir kommen alle deine Leute und vor mir niederfallen und sagen: zieh fort, du und alles Volk, das dir untergeben. Danach werden wir ausziehen.‹ (Exodus, 11. Kap.)

Später waren es die Kinder Israels, die gezeichnet wurden und vernichtet. Nicht nur die Erstgeburt.

Anfänglich fand niemand etwas daran, daß ein Jude auch als solcher aufgeschrieben und eingetragen wurde. Und es gab Juden, die begannen, sich ›arischer‹ Großeltern zu erinnern.

Option

Die letzte große Volkszählung, bei der jeder auf ewig seiner ›Volksgruppe‹ auf Gedeih und Verderb zugewiesen wird, ist dann das Endgericht. Hundertvierundvierzigtausend sollen es dann sein, die mit dem Lamm auf dem Berg Sion stehen werden; jene Hundertvierundvierzigtausend, ›die Seinen Namen und Seines Vaters Namen auf ihren Stirnen geschrieben trugen‹, die ›losgekauft sind aus den Menschen‹ (so schreibt Apostel Johannes in der Apokalypse, der ›Geheimen Offenbarung‹). Jeder hingegen, ›der im Buch des Lebens nicht aufgeschrieben gefunden war, wurde in den Feuerpfuhl geworfen‹.

Nun: Apokalypse wird deswegen in Südtirol noch keine passieren, hofft man. Und nicht sofort wird der Würgeengel zu unterscheiden haben, wer ausziehen muß und wer bleibt, wer dem Gericht zum Opfer fällt und wer verschont wird.

Aber beeindruckend war es schon, wieviel aktive und passive Zustimmung eine solch ungemein totalitäre Aktion des ›Zählens, Wägens und Teilens‹ gefunden hat; wie wenige sich der Erpressung letztendlich zu entziehen wagten; wie plötzlich die Identität eines jeden von diesem ›VolkstumsSCHEIN‹ abzuhängen drohte.

Dabei garantiert der ZugehörigkeitsSCHEIN ebensowenig die sprachliche und kulturelle Identität, das Zusammengehören aufgrund gemeinsamer Überlieferung und Geschichte, als der Eheschein die Liebe zwischen zwei Menschen.

Durch die ›Option 1981‹ wurde die Zugehörigkeit zu den drei amtlichen Sprachgruppen des Landes ebenso legalisiert und bürokratisiert wie die zwischenmenschlichen Beziehungen durch die institutionalisierte Ehe.

An den Rand gedrängt wurden alle jene, die bei der wilden Ehe, außerhalb der Norm der reglementierten Beziehungen und zulässigen Verhältnisse, bei freien und vertraglich nicht gebundenen Formen des Selbstseins und des Andersseins bleiben wollten.

Denn das Anderssein ist in unserer Region des verbalen Schutzes von ›anderen‹, von ›Minderheiten‹, nur in den etablierten Formen gestattet.

Bezüglich der Option 1939 wird heute geklagt, daß die Bevölkerung vor lauter Optanten-Propaganda gar nicht imstande war, eine Entscheidung fürs Dableiben zu treffen – und wer sie traf, hatte sie bitter zu büßen. Friedl Volgger und Leo von Pretz machten damals gemeinsam die Erfahrung, was es hieß, in ein entlegenes Tal zu fahren, ein paar wenige Leute zu informieren (aber wer glaubte ihnen schon, und wer den anderen?), und auf der Rückkehr die Autoreifen ohne Luft vorzufinden.

Erfahrungen, die 1981 von den Gegnern der neuen Option nachvollzogen werden konnten. Ähnlich auch das Unverständnis von seiten der vielen, das Verlassensein, das Schweigen der Regierung zu den Propagandalügen der Optantenwortführer (zu denen auch diesmal alle Mächtigen gehörten).

Bischof

Als 1940 Bischof Geisler seinen Optantenschein für Deutschland unterschrieb, legte er seinen Hirtenring ab und erklärte, er tue dies als Deutscher, nicht als Bischof.

Als 1981 Bischof Gargitter seinen Optantenschein für die deutsche Sprachgruppe unterschrieb (er hatte ja die Gläubigen eindringlich aufgefordert, die Solidarität zur eigenen Volksgruppe diszipliniert zu erweisen), hat er seinen Ring wahrscheinlich nicht mal abgelegt – weil diesmal kein Fotograf dabei war.

Andreas Hofer, die Franzosen und wir

Es ist kein Zweifel, daß sich die alternativen oder linken Tiroler mit den Andreas-Hofer-Feiern schwertun. Bei anderen Anlässen mag es vielleicht gelingen, den offiziell Gefeierten irgendwelche Anti-Helden entgegenzusetzen: den Oberen das gemeine Volk, den Jasagern die Neinsager, den triumphierenden Siegern die hingemetzelten Fußsoldaten...

Wenn man an die Andreas-Hofer-Zeit denkt, ist es eigentlich unmöglich, annehmbare Identifikationsfiguren zu finden. Man möchte nicht so ganz hinter dem Sandwirt stehen, der im Namen der kaiserlichen und katholischen Wiederherstellung der guten alten Zeit gegen den aufklärerischen und revolutionären Zeitgeist kämpfte – muß aber anerkennen, daß da echte Partisanen ohne Rücksicht auf die große Staatsräson ihre Heimat gegen Eroberer und Unterdrücker verteidigt haben. Man möchte erst recht nicht hinter den französisch-bayerischen Besatzern stehen, obwohl man schwer umhinkann, so manche aufklärerische und reformerische Maßnahme gutzuheißen, insbesondere wenn man an die kaiserlich-metternichsche Reaktion nach dem Wiener Kongreß denkt. Der fanatische Haspinger und der diplomatische Bischof Lodron, der ausweglose und treuherzige Wirt an der Mahr oder die vielen anderen minderen Gestalten der Heldenzeit – keine paßt so recht auf unsere Altäre.

Am ehesten noch jener Andreas Hofer, der – vom eigenen Kaiser verraten und von den Franzosen gejagt – trotz der Aussichtslosigkeit der Lage den Aufstand nicht aufgeben wollte, obwohl er eindeutig zum Scheitern verurteilt war. Eine Erfahrung, die – weniger dramatisch, aber nicht weniger nachhaltig – alle jene in Südtirol sehr wohl kennen, die, von den eigenen Diktatoren und dem italienischen Staat gleichermaßen im Stich gelassen, sich dennoch keiner ethnischen oder politischen Staatsräson unterordnen wollen und – beispielsweise durch die Verweigerung der Sprachgruppenerklärung – dabei bis zur Selbstaufopferung gehen.

Eine für Tirol (und insbesondere Südtirol) spezifische Tragik liegt allerdings in den Ereignissen der Franzosenzeit. Und über die könnte man im Gedenkjahr näher nachdenken.

Nämlich: seit der Niederlage der aufständischen Bauern unter Gaismair zieht sich ein verhängnisvoller und konstanter Faden durch die Tiroler Geschichte. Neuerungen, Fortschritte, Öffnungen, Anstöße werden nicht mehr aus der eigenen Kraft geleistet, sondern werden von außen an die Tiroler herangetragen. Die Aufklärung kommt auf den französisch-bayerischen Bajonetten; der Liberalismus wird durch die Wiener Behörden erst nach einem zähen und langwierigen Kulturkampf dem Land Tirol aufgedrängt; sozialistische Ideen werden vor allem im südlichen Landesteil – insbesondere seit der Teilung Tirols – als ›walsch‹ identifiziert und entsprechend leichter angeprangert und bekämpft, indem man ihnen (unberechtigterweise) die Sünden der italienischen Herrschaft in Südtirol aufrechnet und in ihnen das trojanische Pferd der Entnationalisierung vermutet.

Und dadurch, daß das Neue immer von außen kommt, läßt es sich auch leichter diffamieren und bekämpfen: nicht bloß konservative, sondern richtig reaktionäre Haltungen werden zur Bürgerpflicht des Tiroler Patrioten.

Nur *einmal* stieß eine ›neue‹ Idee von außen auf Zustimmung in Tirol, obwohl ein großer Teil des Klerus dagegen war: der Nationalsozialismus wurde seltsamerweise nicht als Fremdkörper entlarvt und abgewehrt, sondern er schien einem großen Teil der Tiroler als das gerade richtige und notwendige Gegengift gegen sozialistische und republikanische (im Norden) bzw. italienisch-nationale Bedrohung (im Süden). Der ›Andreas-Hofer-Bund‹, der sich in einem Miniatur-Partisanenkampf entgegenstellte, wurde aus dem Gemeinschaftsgedächtnis der Tiroler gelöscht. Das wäre also im Jubeljahr zu bedenken: wir kann es gelingen, die Kritik und Erneuerung der Tiroler Gesellschaft derart *von innen* zu betreiben, daß man nicht an der Fremdkörperabwehr scheitert – und dennoch mit so starken Bindungen *nach außen,* daß man nicht von jedem beliebigen Raffl verkauft und denunziert und dank des

Einverständnisses zwischen dem Kaiser und den Franzosen dann auch abgeführt und hingerichtet werden kann?

Darin liegt die Herausforderung eines ›anderen Südtirol‹ – und auf diesem Weg ist schon so mancher Schritt getan worden.

Minima Personalia

»Warum geht Vater nie in die Kirche?«

In Sterzing (950 Meter, 4000 Einwohner), wo ich in einer demokratischen und bürgerlichen Familie aufwachse, die zu Hause hochdeutsch spricht anstatt des Tiroler Dialekts, in einer völlig offenen und toleranten Atmosphäre, beunruhigt mich, daß mein Vater nie in die Kirche geht.

Eines Tages, ich nutze die Gelegenheit, daß ich Geburtstag habe, wage ich meine Mutter nach dem Warum zu fragen. Ich bin ein wenig schuldbewußt, so wie ich schuldbewußt bin, weil ich nicht Dialekt spreche. »Vater ist den ganzen Tag im Krankenhaus (er war der einzige Chirurg im Umkreis) und dient Gott jeden Tag auf diese Weise. Der Kaplan kann dir bestätigen, daß das so gut ist.« Der Kaplan, ein tschechoslowakischer Priester im Exil, bestätigt.

Später erklärt meine Mutter mir auch, daß Vater jüdischer Herkunft sei und daß es nicht so sehr darauf ankäme, was man glaubt, sondern wie man lebt. In jenen Jahren war sie im Gemeinderat als Unabhängige, gewählt auf der ›deutschen‹ Liste der Südtiroler Volkspartei. Aber als das politische Klima sich verschlechtert und Antifaschisten auf der Liste nicht mehr gefragt sind, zieht sie sich bald zurück.

In meiner kleinen Stadt, die ich liebe, fühle ich eine gewisse Fremdheit, die mir den frühzeitigen Übergang nach Bozen, in die Mittelschule der Franziskaner, leichtmacht. Während der Woche pendle ich nach Bozen, wo die Schule ist (in Sterzing haben paradoxerweise nur die Italiener eine höhere Schule: Ein Viertel der Bevölkerung, aber die Kinder der Offiziere). Es ist undenkbar, eine Fahrkarte oder Auskunft auf deutsch zu verlangen. In der Stadt fühlt man sich geradezu in der Minderheit als Tiroler. In meinem Bus (die Linie 3 von Bozen) sind wir nur zwei deutschsprachige Kinder. Die Faschisten machen Demonstrationen wegen Ungarn und gegen Magnago (›Magnago a morte‹ – ›Tod dem

Magnago‹). Auch ich fühle mich bedroht und beginne, die Faszination des ethnischen Widerstands zu spüren.

Jeden Samstag lese ich die Kulturseite der *Dolomiten,* wo von den Höhepunkten der Südtiroler Geschichte berichtet wird, von den Übergriffen der Italiener, den nicht eingehaltenen Versprechungen des Staates und vom Leben unter dem Faschismus. Der Prozeß gegen die ›Jugendlichen von Pfunders‹ (die zu Unrecht, glaube ich, angeklagt waren, nach einem Streit im Wirtshaus einen Beamten der Finanzpolizei umgebracht zu haben, und hart verurteilt wurden) bewegt und empört mich. Als ich eines Morgens bei Waidbruck (Ponte Gardena) vom Zug aus sehe, daß der ›Aluminiumduce‹ in der Nacht in die Luft gejagt worden war, bin ich froh darüber. Fanfani versprach dann, dieses Reiterdenkmal des ›italienischen Genius‹, das Mussolini zu Pferd darstellte, wiederherzustellen. Aber es kam nie dazu.

»Warum hassen wir die Italiener nicht?«

Ich spüre, daß die Atmosphäre zu Hause anders ist als draußen. Das gilt auch für die zweite Hälfte der 50er Jahre, als die Attentate der Bewegung für die Selbstbestimmung und ›Freiheit‹ der Südtiroler einsetzen. Ich kann inzwischen ganz gut italienisch. Meine Eltern legen Wert darauf, daß ich es in der Schule gut lerne, und hatten mich sogar in den italienischen Kindergarten geschickt. Zusammen mit meinen Brüdern machen wir aus den ethnisch-linguistischen Unterschieden ein Spiel: auf der Straße erraten wir, wer ›Deutscher‹ und wer ›Italiener‹ ist und machen die Probe, indem wir dementsprechend grüßen. Man kann sich kaum irren.

Nach den ersten Bombenattentaten merke ich einen gewissen Unterschied zwischen dem Ton meiner Mutter (die sich eher dem Anliegen der Tiroler verbunden fühlt) und dem meines Vaters (der eher besorgt ist wegen eines möglichen Auflebens neonazistischer Strömungen). Noch stärker wird der Unterschied zwischen den Tönen zu Hause und draußen. Ich werde ein bißchen unsicher, wenn ein italienisches ›Ciao‹, das wir zu Hause sagen, draußen wie Verrat oder Distanzierung klingt.

Ich frage meine Mutter: »Warum hassen wir die Italiener nicht?« Sie erklärt mir, unter anderem, daß die Faschisten meinen Vater 1938 auf Grund der Rassengesetze entlassen haben, daß es aber Italiener waren, die ihm nach 1943 das Leben retteten: Giovanni Bigazzi, ein Richter aus der Toskana; Domenico Boni, ein Trientiner Anwalt, ein unbekannter Schmuggler und andere Leute. Und daß umgekehrt sie und ihre Eltern in der Stadt isoliert waren, weil sie gegen die Option für Hitlerdeutschland gestimmt hatten. »Nicht alle Deutsche und nicht alle Italiener sind gut oder böse, man muß unterscheiden.«

Fahnen

Ich will in der Welt herumreisen, und zum Glück erlauben es mir meine Eltern, auch wenn ich oft allein fahre: zu Fuß in die Berge, in der Umgebung von Sterzing. Mit dem Rad bis zum Gardasee, ins Engadin, nach Nordtirol. Dann entdecke ich mit einem geschenkten Motorroller die Poebene, die Lombardei, die Toskana, Umbrien, die Denkmäler, von denen ich im Kunstunterricht gehört, die Orte, von denen ich gelesen habe. Später dann Europa. Mir gefallen die Jugendherbergen, wo ich Jugendliche aus anderen Ländern kennenlerne. Für mich ist es immer kompliziert, zu erklären, woher ich komme: »Also bist du nun Italiener oder Deutscher?«.

Von den Fahnen, die oft vor den Herbergen oder Zeltplätzen flattern, ist keine die meine. Was mir nicht besonders leid tut. Dafür kann ich mich mit meinem Deutsch und meinem Italienisch auf der ganzen Strecke zwischen Dänemark und Sizilien verständigen. (Noch etwas zu den Fahnen: zu Hause wurde nie die Tiroler Flagge gehißt, auch keine andere Fahne. Am Herz-Jesu-Fest schaute immer einer vorbei und schrieb auf, wer geflaggt hatte. Für die Südtiroler Volkspartei. Ein anderer machte das gleiche für die italienische Polizei.)

Weder Judäer noch Grieche

Das erste universale Ideal, das mich zu überzeugen und einzunehmen vermag, ist das christliche. Meine Eltern sind davon nicht begeistert, tun aber nichts dagegen. Ich lese, denke nach und bete. Ein ›Engagement‹, mit dem es mir sehr ernst ist. Ich versuche im ökumenischen Sinn, wie man damals sagte, zu arbeiten: für eine Überwindung der Konkurrenz zwischen katholischen Vereinen; für einen Dialog und ein besseres, gegenseitiges Sichkennenlernen mit den (wenigen) Protestanten in Bozen; für gemeinsame Veranstaltungen der deutschen und der italienischen Katholiken. Jeder Schritt ist etwas schwieriger als der vorige. Es sind die Jahre des Konzils, der großen Öffnungen und Hoffnungen. Es ist schön, sich als Glied einer universalen Gemeinschaft zu fühlen, ohne Unterschied zwischen ›Judäern‹ und ›Griechen‹. Auch während der Studienzeit bleibe ich in der katholischen Studentenvereinigung Fuci.

Wie ich kein Kommunist wurde

Möglicherweise aus Schuldbewußtsein, möglicherweise aus christlicher, sozialer Empfindung oder Durst nach Gerechtigkeit interessiere ich mich sehr ›für die Armen‹ und die soziale Frage. Zusammen mit anderen richte ich einen Dienst ein, um unbemittelten alten Leuten Holz zu bringen. Ärmeren Kindern gebe ich kostenlos Nachhilfeunterricht. Ich würde auch gerne wissen (und das Wissen weitergeben), wie Kommunisten sind. Und obgleich das Bild, das man sich bei uns vom Kommunismus macht, weniger mit Gewerkschaft und Widerstand zu tun hat und viel mehr damit, was man von Budapest oder Prag reden gehört hat, fasse ich mir ein Herz und gehe zu Anselmo Gouthier, dem Vorsitzenden der Jungkommunisten. Ich bitte um ein Interview für unsere Schülerzeitschrift *Offenes Wort* (Gouthier machte dann später Karriere in der Parteispitze und im Europaparlament). Wir sprechen italienisch, und ich bin stolz darauf, ein Interview in einer anderen Sprache führen zu können. Gouthier spricht von unverletzbaren Grenzen und sagt, wenn man die Brennergrenze in Frage stelle, käme auch die Oder-Neiße-Linie ins Wanken.

Ich versuche, herauszubekommen, was die Kommunisten tun, und erfahre, daß die ›Aktivisten‹ Versammlungen abhalten. Für ein Interview, das mir in der Schule und bei den Franziskanern teuer zu stehen kommt, ist das sehr mager und enttäuschend. Hätte er mir mit einfachen Worten erklärt, daß die Welt sich nicht nur teilt – wie ich das vielleicht sah – in Deutsche und Italiener, Gläubige und Ungläubige, Gute und Böse, sondern auch in Klassen, und daß man das auch in der Südtiroler Wirklichkeit nachweisen könne, wer weiß was passiert wäre. So aber schien mir das Vincentiuswerk konkreter zu sein. Nur wenige Jahre später habe ich erfahren, daß in jenen Jahren in Bruneck (Brunico) einer aus dem Marxismus ein kritisches Instrument gemacht hat, um die Lage, in der er arbeitete, besser zu verstehen. Aber der hatte ›draußen‹ studiert.

Eine gemischte Gruppe

Zusammen mit einigen Freunden beginne ich Mitte der 60er Jahre zu verstehen, daß eine ›gemischte Gruppe‹ vielleicht der Schlüssel sein könne, um die Probleme Südtirols zu verstehen und anzugehen: Das Zusammenleben im Kleinen üben. Die Gruppe bildet sich, die meisten kommen von der katholischen Jugend, einige sind konfessionslos, Jungen und Mädchen mit der Muttersprache deutsch, italienisch und ladinisch. Wir beginnen uns regelmäßig zu treffen und zusammen die Geschichte unseres Landes zu studieren (und entdecken dabei, was die verschiedenen Sprachgruppen jeweils vertuschen oder verschweigen), um ein Bild zu bekommen, wie es werden könnte. Wir sind gegen die Bomben (inzwischen neonazistischer Herkunft, wobei die Geheimdienste mitmischen), wollen eine gerechte Regelung der Autonomie und eine Zukunft des Zusammenlebens auf Grund gegenseitiger Achtung und Kenntnis der anderen Sprache und Kultur. (Aber um von den italienischen Freunden nicht ›Alessandro‹ gerufen zu werden, denen es damals natürlich schien, alles ins Italienische zu übersetzen, greife ich lieber zur Abkürzung ›Alex‹).

Wir bemühen uns, es so zu machen, daß die Kritik an den ›Deutschen‹ von den ›Deutschen‹ formuliert wird und an den

Italienern von den Italienern und so weiter. Unsere Gruppe hat keinen Namen, tritt öffentlich nicht in Erscheinung, wird aber in kurzer Zeit zu einer Werkstatt für Ideen und Vorschläge und fühlt sich 1967 sogar soweit, eine Tagung mit 200 Teilnehmern zu veranstalten, einberufen von ›sechs jungen Südtirolern‹ (die die Einladung unterzeichnet haben) und wohlwollend unterstützt von Umberto Segre in der Tageszeitung *Il Giorno*.

Wir lernen, daß wir Freunde auch außerhalb der Provinz brauchen und daß wir Beziehungen zur demokratischen Öffentlichkeit in Italien und Österreich herstellen müssen, wenn wir aus der Phase der Attentate in eine Phase der Demokratie und der Autonomie kommen wollen. Zu unserer bislang eher unpolitischen und keiner Partei verbundenen Gruppe tritt auch Lidia Menapace in Beziehung, damals christdemokratische Dezernentin für das Gesundheitswesen der Provinz, eine von den wenigen Personen italienischer Muttersprache, die von der Notwendigkeit einer mutigen Reform des Autonomiestatuts voll überzeugt sind. Zusammen mit Lidia mache ich im Herbst eine Goodwill-Tour nach Rom, Innsbruck und Wien. Unterstützt vom MIR (Internationaler Versöhnungsbund) halten wir Vorträge über die Südtirolfrage und bekommen Gelegenheit zur Begegnung mit bedeutenden Persönlichkeiten wie dem Kardinal König in Wien.

Unsere Ideale und unsere Praxis, die in keiner Hinsicht radikal oder volksfern waren, hätten die soziale und ideelle Basis abgeben können, um dem ›Autonomiepaket‹ eine weitere Perspektive zu geben. Doch die herrschenden Kräfte (Democrazia italiana, Südtiroler Volkspartei) ziehen ein Abkommen vor, das ganz auf der Ebene diplomatischer Abmachungen bleibt und auf der gegenseitigen Abgrenzung der Volksgruppen beruht, die sich als Blöcke gegenüberstehen.

Südtiroler Dissidenten

Mitte der sechziger Jahre beginnt der Südtiroler, deutschsprachige Dissens sich freier zu äußern. Die Vereinigung *Südtiroler Hochschülerschaft* wird zum wichtigsten Ort, denn die Südtiroler Studenten sind, da es in Südtirol keine Universität gibt, mehrheitlich in Österreich und sonst überall verstreut: Innsbruck, Wien, Graz, Padua, Florenz, Mailand, Bologna, Salzburg, Rom, München, Zürich, Venedig.

Es ist die erste Südtiroler Massenorganisation, in der bis heute die Mehrheit nicht konformistisch eingestellt ist. Auch ich engagiere mich, stark durch die ›gemischte Gruppe‹ hinter mir. Unsere wichtigsten Themen sind der Kampf für eine Demokratisierung und einen ideellen und politischen Pluralismus innerhalb der deutschen Sprachgruppe.

Die Studentenzeitschrift *Skolast* genügt uns nicht. Zusammen mit Siegfried Stuffer und Josef Schmid gründen wir 1967 *die brücke*. Nicht immer sind wir uns über alles einig: Als ich von der Notwendigkeit einer ›Neuen Linken‹ (November 1967) und der pluriethnischen Organisation der Südtiroler Politik schreibe (1968), unterstreicht das Redaktionskollektiv, daß es sich nur um meine persönliche Ansicht handle. Zum ›Paket‹ zeichnet sich aber eine gemeinsame Haltung ab: schnell verabschieden und darüber hinausgehen.

Seit 1968 nimmt *die brücke* auch Artikel in italienischer Sprache auf, stellt aber 1969 ihr Erscheinen ein. Die Wege der Redakteure trennen sich: einige treten der Südtiroler Sozialdemokratischen Partei bei, andere der Kommunistischen Partei, wieder andere der außerparlamentarischen Linken. In unserer ›Literaturwerkstatt‹ haben Norbert C. Kaser, Joseph Zoderer, Roland Kristanell und andere ihre Erstlinge veröffentlicht. Insgesamt hat *die brücke* gezeigt, daß ein selbständiger Weg der jungen Südtiroler Linken möglich ist.

Zu den solidarischen, immer bereitwilligen Gesprächspartnern gehörte der Rechtsanwalt Sandro Canestrini, ein Linker, der stets zu unterscheiden verstand zwischen Südtiroler ›Bombenlegern‹ und dem Bazillus der Neonazis.

Florenz

Ohne große Überzeugung schreibe ich mich in der juristischen Fakultät ein. Sehr überzeugt bin ich aber davon, in Florenz zu studieren. Ich verbringe dort zwischen 1964 und 1967 eine sehr intensive Zeit, eine weniger intensive nach 1968. Ich bereue diese Entscheidung nie. Es sind die Jahre des Dialogs zwischen Marxisten und Christen. Ich lerne die vielfarbige italienische Linke kennen. Insbesondere entdecke ich ihre volkstümliche Komponente.

Ich begegne Giorgio La Pira, der mein Professor wird; Ernesto Balducci, der im *cenacolo* jede Woche eine Vorlesung hält über das Konzil. Ich bekomme Kontakt zu der Zeitschrift *Il Ponte,* herausgegeben von Enriques Agnoletti (der 1967 einen langen Artikel von mir über Südtirol veröffentlicht), zur Zeitschrift *Testimonianze* (die mich auch zu schreiben einlädt), zu *Politica* (idem). Ich mache die Bekanntschaft von Giorgio Spini, Paolo Frezza, Enzo Mazzi und Paolo Barile (der mein Doktorvater wird) und vielen anderen. Ich lerne die Vorzüge der italienischen Demokratie schätzen, sehe die Kommunisten aus der Nähe, verfolge aufmerksam, was im katholischen Dissens passiert, gehe zu Diskussionen, schließe Freundschaften.

Die tiefste Begegnung ist die mit Don Milani und seiner Schule in Barbiana. Zusammen mit einer alten, österreichisch-böhmischen Jüdin, Marianne Andre, übersetze ich sein *Lettera ad una professoressa* (*Die Schülerschule,* Wagenbach 1970), ins Deutsche. Was liegt näher, als auch ›Lehrer‹ zu werden?

1968 in der Provinz

Weil ich stark lokal engagiert bin, verbringe ich mein viertes Studienjahr vorwiegend zu Hause in Südtirol. So kommt es, daß ich an der 68er Bewegung von der Peripherie aus teilnehme. Unsere Anti-Springer-Kampagne, heftig und entschlossen, richtet sich gegen das Monopol der *Dolomiten* und des Verlegers Ebner. In *der brücke* veröffentlichen wir Artikel über die Studentenbewegung (aber die Kontakte zu Trient sind dünn). Im Laufe meiner ersten Tätigkeit als Deutschlehrer, im italienischen Realgymnasium Bozen, besetzen wir ein paar Tage lang die Schule. Zu den Forderungen der Schüler gehört: sie wollen ebensogut deutsch lernen wie ihre Tiroler Altersgenossen italienisch.

Während eines Besuchs des christdemokratischen Unterrichtsministers Gui im Wahlkampf belagern wir das Bozner Rathaus mit einem großen Sit-in. Der Minister muß durch die Hintertüre hinaus. Im Frühjahr wähle ich PCI (wäre ich in Florenz gewesen, hätte ich PSIUP gewählt) und gebe die Vorzugsstimme dem deutschsprachigen Kandidaten. Es ist das erste Mal, daß ich wähle, und etwas Besseres ist nicht im Angebot. Im Sommer besuche ich mit Freunden Ostdeutschland und die Tschechoslowakei, wo ich die sowjetische Invasion und die ersten Tage der Besetzung erlebe (wir bleiben, solange es geht). Im Herbst arbeite ich, bezahlt vom CNR (eine Art italienische ›Forschungsgemeinschaft‹, A. d. Ü.), in Bonn an einer vergleichenden Untersuchung des Verfassungsrechts und lerne dort die Außerparlamentarische Opposition näher kennen.

Deutschland, Österreich

Meine literarische Bildung (von den Märchen zum Abenteuerroman, von den Klassikern zur zeitgenössischen Literatur) ist praktisch ganz deutschsprachig. Meine Studien, die Begegnungen und mein Umgang sind hingegen eher italienisch geprägt. So bleibt in mir ein großes Bedürfnis, die deutschsprachige Welt von innen besser kennenzulernen. Nach dem Abschluß meiner Studien in Florenz suche und finde ich Gelegenheiten, diese Bekanntschaft, die mich dann für immer begleiten wird, aus der Nähe zu machen. Ein Jahr in Bonn. Mein Arbeitsplatz ist die Bibliothek des Bundestags. An der Universität bin ich als Gasthörer eingeschrieben. Reisen in viele Städte in Deutschland, Österreich und der Schweiz. Ab 1967 zahlreiche Artikel in Zeitungen und Zeitschriften dieser Länder. Neue Freundschaften und Briefwechsel. Bei einem zweiten, längeren Aufenthalt in Deutschland (vom Herbst 1973 bis zum Sommer 1975) Aufbau eines regelrechten politisch-sozialen Observatoriums (im Auftrag von *Lotta Continua*) für die Länder Mittel- und Nordeuropas. Zahlreiche Kontakte zu deutschen, österreichischen und eingewanderten Arbeitern, zu Gewerkschaftlern, zu Mitgliedern von Grüppchen und Gruppen, zu Intellektuellen.

Das Netzwerk der Beziehungen, des Austauschs, des Brückenschlags wird immer reicher, dichter und bunter. In einer Zeit, da man nördlich der Alpen mit neidvollem Interesse auf Italien blickt, sieht man mich als einen ›Experten‹ für Italien: Bei den Vorträgen und Diskussionen, an denen ich in Berlin, Wien, Hamburg, Innsbruck, Bern, Frankfurt, Köln und Utrecht teilnehme, erzähle ich von den sozialen Kämpfen und Organisationen, von der besonderen Spontaneität und Autonomie der italienischen Arbeiterklasse; südlich der Alpen versuchen wir, zusammen mit anderen Genossen, Kenntnisse von der Realität des ›multinationalen‹ europäischen Proletariats zu verbreiten.

Später kehren sich die Verhältnisse dann eine Zeitlang um: In Italien bricht die Lust aus, Deutschland, Österreich, die Grünen und die Bürgerinitiativen kennenzulernen. Meine Brücke führt in beide Richtungen, und ich bin froh, zur Zirkulation von Menschen und Ideen beitragen zu können. Ich spüre nie ein Gefühl der Unterlegenheit gegenüber den Deutschen aus den Mutterländern: Im Gegenteil, manchmal habe ich den Eindruck, daß man als Südtiroler bestimmte Seiten der deutschen Kultur besser zu schätzen weiß.

Der erste Südtiroler Streik

Der heiße Herbst von 1969 hat selbst in Südtirol Auswirkungen. Am 17. September ist Generalstreik der Metallarbeiter. Wir beschließen, ihn vor die Tore einer Südtiroler Fabrik zu bringen: Die Durst-Werke in Brixen (Bressanone). Ganz in der Früh sind wir dort, ein Dutzend Leute, vorwiegend deutschsprachig. Damit man uns glaubt, zeigen wir *Die Dolomiten,* die den Streik ankündigen. Sofort bilden sich kleine Grüppchen. Kaum jemand geht ins Werk. Eine Sekretärin von der Betriebsleitung schimpft und schreit uns an. Die Arbeiter aus dem Bus vom Tal gehn nicht durchs Tor. Als mit großem Karacho der herbeigerufene Personalchef ankommt, fährt er mit dem Auto einen Arbeiter an. Das war der Tropfen, der das Faß zum Überlaufen bringt: »Stellt euch vor, er hätte ihn schwer verletzt oder getötet… der Gasser hat vier Kinder.«

Der Streik ist ein voller Erfolg. Wir machen zusammen mit den Arbeitern eine Versammlung in einer nahe gelegenen Wirtschaft.

Man feiert uns und gibt uns einen aus. Wir sprechen von egalitären Forderungen und finden Zustimmung. Doch als wir auf einen Arbeiter stoßen, der in seinem Dorf Messner ist, und ihm Vorschläge machen für eine größere Gleichheit auch in der Kirche, ist er entschieden dagegen. Aber er gratuliert uns zum gelungenen Streik.

Indes werden die Unternehmer gewitzter. Um den Pendlern aus dem Sarntal oder Nonstal ein Flugblatt verteilen zu können, muß man dem Bus bis in die Täler hinein hinterherfahren.

Unterrichten

Mit großem Engagement und Leidenschaft gehe ich an meine Aufgabe als Lehrer. In zwei Perioden (1969–1972 und 1975–1978) nimmt mich die Schule völlig in Anspruch. Ich unterrichte Philosophie und Geschichte am deutschsprachigen Gymnasium in Bozen und Meran und an einem Realgymnasium in den römischen Außenbezirken. Mein Leben in der Schule ist nicht leicht und mit Strafversetzungen, mit Beurteilungen wie ›genügend‹ und ›gut‹, und mit häufigen Unterdrückungsmaßnahmen von seiten der Schulleiter besät. Nie gibt es eine Bemerkung zu meiner Ausbildung, zur Qualität meines Unterrichts, oder einen Tadel wegen undisziplinierten Verhaltens. Was man mir ankreidet sind mein ›politisches Engagement‹ und die Mißachtung der vorgegebenen Rollen. Das Verhältnis zu den Schülern aber ist dauerhaft und gibt Befriedigung.

Die Schulsituation in Südtirol und in Rom ist sehr unterschiedlich. In Bozen und Meran ist die Schule ein Ort, wo reales Wissen erworben wird, das entscheidend ist für die intellektuelle Entwicklung der Schüler (die zum größten Teil vom Land kommen, im Internat wohnen und die Schule sehr ernst nehmen). In Rom lebt man in politischen Gruppen, Demonstrationen, Versammlungen und Besetzungen. Aber auch so läuft eine entscheidende Phase in der Sozialisierung der Schüler über die Schule. Ich glaube in aller Unbescheidenheit, daß ein Großteil meiner Schüler bei mir etwas Interessantes und Wichtiges gelernt hat und sich gerne daran erinnert. Mit Vergnügen erinnere ich mich an die Solidarität und Zusammenarbeit mit Kollegen-Genossen in einer ganz ungewöhnlichen, römischen Sektion der Gewerkschaft.

Bei den Maultieren

Ich leiste meinen Militärdienst spät (ich bin schon 27), nachdem ich lange gehofft hatte, ihn vermeiden zu können (als Dritter mit zwei älteren Brüdern, die ihn schon abgeleistet hatten), und alle Alternativen studiert hatte (Verweigerung und Gefängnis; Dienst im Ausland auf Grund des Pedini-Gesetzes). Als ich einrücke, stelle ich mir die Kaserne als einen Ort des Klassenkampfes und der Wiederherstellung des Proletariats vor. Ich nehme mir vor, mich in diesem Sinne zu verhalten: ›Proletarier in Uniform‹. Ich war soeben mangels Beweisen von der Anklage der ›Verunglimpfung des Heeres‹ freigesprochen worden. So komme ich in eine Strafkaserne der Gebirgsartillerie in Saluzzo, mit Maultieren, einer harten Disziplin und einer speziellen, offenen Überwachung meiner Person.

Es ist die Zeit der größten physischen Anstrengung meines Lebens. Ich befinde mich auf völlig gleichem Fuß mit Bauern und Arbeitern, nicht auf Grund einer eigenen Entscheidung, ›unter das Volk‹ zu gehen, sondern weil ich ohne mein Zutun hierhergeschickt worden bin. Es ist mir eine große Befriedigung, daß sich ein guter Teil unserer Truppe wenige Tage nach meiner Entlassung (September 1973) vor der Kaserne zu einer Demonstration gegen den Staatsstreich von Pinochet zusammenfindet. Saluzzo schaut verwundert zu.

Lotta Continua

Ich stoße Ende 1970 zu *Lotta Continua*. Es ist das Ergebnis einer kollektiven Suche, denn in Bozen spüren wir zu mehreren das Bedürfnis, mit einer Realität in Verbindung zu treten, die größer ist als wir. Nach einer Sondierung des ganzen Panoramas von Gruppen und Organisationen und nachdem einige eine andere persönliche Entscheidung getroffen hatten (zum Beispiel für die Gruppe *il manifesto*), betrachten wir uns als Teil von *Lotta Continua*. Wahrscheinlich hat dieser Wunsch nach ›Zugehörigkeit‹ auch etwas

Regressives, und sicherlich spielt auch eine gute Portion Ideologie eine Rolle. Doch vor allem wollen wir direkt und aktiv teilnehmen an einem historischen Prozeß, den wir für vielversprechend, befreiend und ›revolutionär‹ halten und der, das ist uns bewußt, seine Zentren anderswo hat, nicht in Südtirol. In einem gewissen Maß relativiert das die Probleme, mit denen wir uns bisher beschäftigt haben.

In *Lotta Continua* finden wir die Verherrlichung spontaner Momente, kämpferische Begeisterung ohne die Dogmen und die Tradition des offiziellen Marxismus, die Aufwertung von Figuren, die nicht aus den klassischen, roten Hochburgen kommen. »Reggio Calabria – Südtirol: der Kampf gegen den Staat« lautet der Titel meiner ersten Seite der noch vierzehntägig erscheinenden *Lotta Continua*. Ich meine, daß in LC unsere besondere lokale Erfahrung Raum und Atem gewinnen und sich in einen umfassenderen Prozeß einbringen kann.

Zum dritten Mal verlasse ich Südtirol, dieses Mal mit LC, und gehe im Anschluß an den Wehrdienst nach Deutschland. Zuvor hatte ich mich während der ersten Jahre nach meinem Beitritt hauptsächlich mit ›zurückgebliebenen Situationen‹ (wie Bozen) und mit dem Organisieren der ›Proletarier in Uniform‹ befaßt. In den folgenden Jahren widme ich mich nun dem ›Ausland‹ und erwerbe Kenntnisse und Informationen zur internationalen Lage. Ab 1975 wieder in Rom, schreibe ich regelmäßig in der Tageszeitung mit dem ›roten Titel‹.

Ende 1976 nehme ich am Auflösungskongreß von LC in Rimini teil, wo die Organisation sich unter dem Druck der Feministinnen selbst auflöst. Einige führende Figuren wie Adriano Sofri ziehen sich vollständig zurück. Mir scheint, ich müsse, zusammen mit anderen Genossen (unter ihnen Paolo Brogi, Franco Travaglini, Enrico Deaglio, Clemente Manenti), meinen Beitrag für eine ›sanfte Landung‹ leisten, um einen ruinösen und kopflosen Rückzug oder eine ebenso ruinöse und kopflose Radikalisierung der Genossen zu verhindern. Ich spüre, daß mich das mir entgegengebrachte Vertrauen in die Verantwortung nimmt. Ein bißchen ist das die Arbeit der Epigonen, und mehrmals versuche ich, mich ihr zu entziehen. Doch jedesmal ruft mich eine Ausnahmesituation zurück: die Bewegung von 1977, die Toten in Stammheim und der deutsche Herbst, die Entführung von Moro…

Im Einsatz der Tageszeitung *Lotta Continua* für die von den ›Radikalen‹ geforderten Volksentscheide (Sammlung von Unterschriften für das Referendum von 1977, Wahlkampf 1978) sehe ich ein nützliches Ziel und befürworte diese Linie energisch. Erst im Sommer 1978 glaube ich, mir einen schrittweisen Rückzug aus der Redaktion und den Resten der Organisation erlauben zu dürfen.

Südtirol erklären

Seit Jahrzehnten scheue ich keine Anstrengung und bemühe mich, Südtirol zu erklären, um die Aufmerksamkeit und die Unterstützung meiner demokratischen Freunde für die Sache der Autonomie und des friedlichen Zusammenlebens in meiner Heimat zu gewinnen. Unabhängig vom Bedürfnis, eine Isolierung und die schiefe Ebene des Revanchismus zu vermeiden, trägt mich die starke Überzeugung, daß die Lage und die Entwicklung in Südtirol eine Fülle von Lehren und Erfahrungen enthält, die von allgemeinerer Bedeutung sind, mehr als eine provinzielle Angelegenheit: Minderheit sein, ohne sich deswegen in Klagen und Nostalgie abzukapseln; die eigenen Besonderheiten pflegen, ohne deswegen in einem ›Ghetto‹ oder im Rassismus zu enden; die Möglichkeiten eines pluri-kulturellen und pluri-ethnischen Zusammenlebens erproben; Teil einer ethnischen Bewegung sein, ohne den ethnischen Aspekt verabsolutieren zu wollen; für eine Kommunikation zwischen den verschiedenen Gemeinschaften arbeiten. Manchmal denke ich, daß viele Aspekte des künftigen Europa hier, in corpore vili, zum Nutzen aller erprobt und verifiziert werden können.

Eine Beerdigung

Im August 1978 stirbt der junge Südtiroler Dichter Norbert C. Kaser, dessen ersten Verse *die brücke* veröffentlicht hatte. Bei der Beerdigung dieses so bedeutsamen Dissidenten (den die Öffentlichkeit erst später besser schätzen- und kennenlernt) auf dem Friedhof in Bruneck sind wir viele. Leute, die vor zehn Jahren zusammen waren und nun in der Gewerkschaft, in den Oppositionsparteien, in der Schule arbeiten und viele ›politische Streuner‹. Das Schweigen auf dieser (nicht kirchlichen) Beerdigung und die Diaspora und Ohnmacht so vieler Energien, die in meinen Augen das Beste darstellen, was dieser Boden hervorgebracht hat, beeindrucken mich tief. Norbert C. Kaser ist an dieser Ohnmacht gestorben. Hier spüre ich, daß ich mich wieder aus der Nähe mit den Südtiroler Angelegenheiten befassen muß. Wenige Tage später veröffentliche ich in der *Südtiroler Volkszeitung* einen Vorschlag: Vereinen wir die Südtiroler Dissidenten, über die Sprachgruppen und Reste der politischen Gruppen hinweg, und stellen wir uns, auch bei den nächsten Wahlen für Provinz und Region, ohne Dogmatismus und Sektierertum, mit der Davidschleuder dem Giganten des Südtiroler Regimes. Noch denke ich nicht an eine wirkliche Rückkehr aus Rom. Die Person, von der ich meine, sie würde sehr gut die ›David-Liste‹ führen können, ist eine Südtiroler Lehrerin, die sich früh hat pensionieren lassen und seit Jahren viele Initiativen ins Leben gerufen hat. Sie besitzt die einzigartige Fähigkeit, das authentische Erbe der Tiroler Volkskultur mit den sozialen Kämpfen und Wünschen nach Veränderung zu verbinden. Sie heißt Irmtraud Mair und will von einer Kandidatur nichts wissen. Der Vorschlag einer bunten Liste mit diesem Charakter stößt anfänglich vor allem auf Mißtrauen und Zurückhaltung. Offensichtlich ist es leichter, zusammen einen gemeinsamen Freund zu beweinen, als zusammen einen gemeinsamen Weg in die Zukunft zu beginnen.

Die Radikale Partei

Vom Wahlkampf zu den Volksentscheiden von 1977 rührt ein enges Verhältnis zu den Radikalen, ohne daß ich je ihrer Partei beigetreten wäre. Marco Pannella sieht 1978 in den Wahlen zum Parlament der Region Trient-Südtirol eine gute Gelegenheit, seinen Erfolg von Triest (im Juni 1978 gelingt es den Radikalen, bei den Gemeindewahlen in Triest Marco Pannella in den

Gemeinderat zu wählen) zu wiederholen. Aber dieses Mal ist es nicht möglich, Kandidaten von ›außen‹ zu holen, und so kommt es, daß die Radikalen – in den letzten zwei Wochen auch ganz massiv – die Liste *Neue Linke-Nuova Sinistra* unterstützen. Diese Liste ist das Ergebnis (nicht so wie erhofft, aber immer noch sehr wichtig) meines Vorschlags einer ›David-Liste‹: Multiethnisch, mit politisierten und nicht politisierten Leuten, die meist aus ganz verschiedenen Bereichen kommen und bereit sind, auf die Logik der Fahnen und Parteien zu verzichten. Es ist nicht ganz leicht, der etwas erdrückenden Umarmung durch die Radikalen zu widerstehen, und es kostet Mühe, der Parteienlogik (beispielsweise der Radikalen Partei und der Partei der Nicht-Radikalen) zu entgehen. Aber die Mühe lohnt. Und wenn man mich auch manchmal mißbräuchlich als besondere Blüte im Knopfloch der Radikalen präsentiert, reut es mich doch nie, eine Beziehung eingegangen zu sein, die auf Autonomie und Gegenseitigkeit beruht, wobei unsere Kraft und unsere Wurzeln stark genug sind, einseitigen Instrumentalisierungen zu widerstehen.

Parlamentarismus in der Provinz

Zweimal werde ich in den Regionalrat und in den Südtiroler Landtag gewählt: 1978 auf der Liste *Neue Linke-Nuova Sinistra* (1981 trete ich zurück auf Grund einer Sprachgruppen-Rotation) und 1983 auf der viel breiter angelegten *Alternativen Liste für das andere Südtirol.* Sie ist das Ergebnis der positiven Erfahrung und einer spürbaren Erweiterung der ersten Liste, und es gelingt, unsere Vertretung zu verdoppeln. Beide Male ist es für mich eine schwere Entscheidung, die Kandidatur anzunehmen und mein Leben zu verändern. Aber die Lage ist so besonders, so beschränkt und gezeichnet durch die spezifische Problematik des ethnischen Konflikts, daß es mir gerechtfertigt erscheint, mich im parlamentarischen Rahmen zu engagieren. Ich weiß sehr wohl, wie schnell man sich da verändert und welches Risiko die Menschen eingehen, die dieses Instrument benutzen.

Die Fragen einer Koalitionsbildung stellen sich nicht. Gegenüber 33 Kollegen des Südtiroler Miniparlaments kann man nur

Zeuge sein für jenes ›andere Südtirol‹, zu dessen Sprecher man gewählt wurde und für das man arbeitet. Aber dieser ausschließliche Gebrauch des Parlaments als ›Tribüne‹ hat seine Grenze, und in dieser Begrenzung wird es mir zunehmend eng.

Pazifismus

Ich fühle mich zutiefst als Pazifist (jemand der Frieden macht, zumindest in seinen Intentionen). So nehme ich mit einer gewissen Häufigkeit an Begegnungen und Friedensinitiativen teil. Oft habe ich den Eindruck, daß es sich um einen abstrakten Frieden handelt und um einen Pazifismus, der keine Instrumente besitzt, um seine Ziele zu erreichen. Als der Krieg um die Falklandinseln ausbricht, denke ich: Wenn das ein deutsch-italienischer Konflikt wäre, wüßte ich, was ich zu tun hätte, um etwas zu einem konkreten Frieden beizutragen; nämlich die Bildung einer ›gemischten Gruppe‹, Brückenbau, ›Verrat‹ an der eigenen Seite, aber ohne Überläufer zu werden; ein ›Verräter‹, der sich mit den ›Verrätern‹ der anderen Seite zusammenschließt. »Die Logik der Blöcke blockiert die Logik« steht auf einem Spruchband der internationalen, pazifistischen Kundgebung, die wir Ostermontag 1984 auf der Europabrücke bei Innsbruck organisieren. Gegen die Logik der Blöcke; ich denke, ich habe da einige Erfahrung, dank der Südtiroler Verhältnisse. Ich würde diese Erfahrung gerne noch fruchtbarer machen.

Option 1981: Der ethnische Käfig

Seit Ende 1978 sehe ich, wie sich in Südtirol das abzeichnet, was wir die ›ethnische Festschreibung‹ nennen. Damit ein System, das auf der klaren Trennung der ethnischen Blöcke beruht, reibungslos und ohne Grauzonen funktionieren kann, muß eine Art ›ethnischer Kataster‹ angelegt werden, dem niemand entgehen kann. Am Anfang glauben nur wenige, daß es soweit kommt, und messen den bereits in diesem Sinn erlassenen Vorschriften, wohlversehen mit Siegel und Unterschrift der italienischen Republik, kaum Bedeutung zu. Daher warnen wir vor der neuen ›Option‹ und vor einer Aufzwingung ›ethnischer Käfige‹. Mir scheint es absolut klar zu sein, daß es sich nach dem Mussolini-Hitler-Pakt und nach der Option von 1939 um das schlimmste Attentat auf die Demokratie und um die böseste Vergiftung der Beziehungen zwischen den Volksgruppen handelt. Ich sehe fast physisch die Beschleunigung der ethnischen Trennungsprozesse und der Konfrontation, die durch die sogenannte Sprachgruppenerfassung ermutigt und lückenlos möglich gemacht werden wird (mit obligatorischer, namentlicher Einschreibung in eine der drei offiziellen Sprachgruppen). Ich finde diese große Operation in Richtung legaler Rassismus beängstigend, und ebenso, daß sie von den sogenannten demokratischen Kräften in Italien (von allen, von den Kommunisten bis zu den Liberalen) und in Österreich geduldet, bagatellisiert und unterstützt wird. Ich verstehe soviel Blindheit nicht, soviel Achtlosigkeit, soviel Verwechslung von legitimen Bedürfnissen nach Autonomie und Minderheitenschutz mit gefährlichen ethnischen Frontbildungen.

Mir scheint, man könne fast mit Händen greifen, wie ein analoger Prozeß eingeleitet wird, wie er in Deutschland zum Bau der Mauer zwischen den beiden Teilen geführt hat: Wo zuerst nur eine Demarkationslinie war, erkennbar bloß auf Karten oder durch ein paar Pfähle, verläuft jetzt der ›Todesstreifen‹ und ein wirklicher ›eiserner Vorhang‹, der ›uns‹ von ›ihnen‹ trennt. Auch die Schritte, die zu dieser Trennung führten, waren jeder für sich genommen nicht so erschreckend.

Im Sommer 1981 vervielfacht sich der von uns angeregte Widerstand und erreicht die Zentrale der Parteien und ein paar Zeitungen. Doch nach drei Tagen parlamentarischer Debatte siegt im Oktober die Staatsräson, und die Parteien des vorgeblichen ›Verfassungsbogens‹ unterstützen einhellig die von der Volkspartei gewünschte Lösung: divide et impera, jedem sein ethnisches Gehege mit den entsprechenden Feldhütern.

Zusammen mit ein paar tausend Unverzagten verweigere ich die Unterschrift auf dem Schein, auf dem ich meine legale Zugehörigkeit zur deutschen, italienischen oder ladinischen Sprachgruppe hätte angeben müssen. Meine Mutter, die noch lebt und bereits die Option von 1939 verweigert hatte, unterschreibt ebenfalls nicht. Wie viele andere ›ethnische Verweigerer‹ setze ich mich bald präzisen Strafmaßnahmen aus: Meine bereits bewilligte Versetzung vom Gymnasium in Rom an das deutschsprachige Gymnasium in Bozen wird auf Druck der Magnago-Partei vom Staatssekretär Falcucci rückgängig gemacht, denn es kann nicht als Tiroler deutscher Muttersprache anerkannt werden, wer sich dem obligatorischen ethnischen Ruf von 1981 verweigert hat. Ich denke an meinen Vater, der seit Jahren tot ist und der 1938, bei seiner Entlassung auf Grund der Rassengesetze, vom Provinzobmann der faschistischen Ärztekammer den bürokratischen Bescheid erhalten hatte, daß es unmöglich sei, ihn anderweitig zu verwenden, auch nicht im Roten Kreuz oder ähnlichem, aber daß er natürlich bei den vorgesetzten Stellen Einspruch erheben könne, wenn er glaube, ihm sei Unrecht geschehen.

Ich hätte gerne in Tiroler Tracht geredet

Im August 1985 werde ich von den *Grünen* in Passau eingeladen, auf einer antinazistischen Kundgebung zu sprechen, die sich gegen ein Treffen von Neonazis richtet, bei dem auch der stellvertretende Landeskommandant der Südtiroler Schützen auftreten soll. Ich gehe gerne, obwohl ich schon seit einiger Zeit die verschlissene Liturgie des Antifaschismus nicht mehr leiden kann. In der Tat hat die antinazistische Kundgebung einige veraltete Züge, doch bin ich mit einem Gefühl der Dankbarkeit dabei. Plötzlich sehe ich einen Autobus ankommen, der voll ist mit Südtirolern in ihrer Tracht. Bestürzt sehe ich sie aussteigen und zum Zug antreten. Ich verlange sofort das Mikrophon und spreche von unserer Tribüne: »Laßt euch nicht täuschen, schon einmal haben die Nazis und die Faschisten unser Volk ins Unglück gestürzt, haltet euch fern von denen, ein anständiger Tiroler hat mit denen nichts zu tun…«. Alle erkennen mich sofort. Einige zögern, andere machen sich über mich lustig. Dann lassen die Anführer den Zug losmarschieren. Das war die Gelegenheit, bei der ich gerne in Tiroler Tracht geredet hätte.

Der grüne Prophet

Im Frühjahr 1985 stehen die Gemeindewahlen bevor, und in vielen Städten und Regionen wird es grüne Listen geben. Im Feuilleton einer römischen Tageszeitung werde ich als ›grüner Prophet‹ bezeichnet. Ich reise durch Italien, um zur grünen Aussaat beizutragen. Ich versuche es mit Argumenten und Zielen, die wenig wahlkampfmäßig und eher nachdenklich sind. Auch in diesem Fall habe ich mich nicht als Kandidat angeboten. Im Gegenteil, mehr denn je fühle ich mich als Gefangener einer durch eine Kombination von Umständen erzeugten Beschleunigung. Seit Mitte der 70er Jahre beobachte und verfolge ich hauptsächlich in Deutschland ›grüne‹ Bewegungen und Initiativen. Nach und nach fange ich an, darüber zu schreiben und auch als Mittelsmann zu wirken für das, was nördlich und südlich der Alpen passiert. Ab 1982 trage ich dazu bei, daß dieser Austausch dichter und organischer wird. Das Zentrum ist Trient, auch dank der Arbeit von Marco und Sandro Boato. 1984 werde ich eingeladen, am 8. Dezember in Florenz das Einleitungsreferat zu halten auf der ersten Versammlung der italienischen Komitees und Gruppen, die die Aufstellung grüner Listen befürworten. Man sieht mich als Wegbereiter und Ausgleich, und ich übernehme diese Funktion gern, mit der Absicht, das Steuer möglichst rasch anderen zu überlassen. Ich wäre sehr besorgt, wenn sich die Sache hinzöge, was meine Lage als ›Gefangener‹ verschärfen würde. Es ist schwer, die Leute davon zu überzeugen, daß Bozen nicht die grüne Lokomotive Italiens ist. Offensichtlich ist die von den Medien erfundene Realität überzeugender als die Wirklichkeit. Da bleibt nichts übrig als die Ärmel hochzukrempeln, um nicht zu sehr zu enttäuschen.

Begegnungen

Früher habe ich vielleicht am meisten aus Büchern gelernt. Neuerdings, scheint mir, lerne ich mehr von Begegnungen (doch war es vielleicht auch früher so und die Erinnerung trügt). Zum größten Glück, das das Schicksal mir gewährt hat, gehören die Beziehungen zu den vielen unterschiedlichen Menschen, denen ich begegnet bin und die ich kennenlernen konnte. Zum größten Teil handelt es sich nicht um Begegnungen, die mir kraft eines Amtes oder einer Rolle geschenkt wurden (er ist der Sohn von...; er verkehrt im Hause von...; er hat diese Stellung bei...), sondern um solche, die ich mir sozusagen in eigener Regie errungen und aufgebaut habe. Darum kenne ich bis heute Leute mit sehr unterschiedlicher Anlage, Position und Bildung, und mein Austausch und meine Freundschaften bewegen sich auf verschiedenen Ebenen und in viele Richtungen. So aufregend es sein mag, Leute wie Kreisky, Pertini, Gheddafi, Ingrao, Sofri oder Illich aus der Nähe kennenzulernen, so bewegend und innerlich bereichernd ist es doch auch, Freundschaften zu pflegen, Gefühle und Gedanken auszutauschen mit Menschen, die nie in einer Zeitung schreiben werden oder nie den eigenen Namen gedruckt sehen. Ich kann sagen, daß ich die Salons und die Leute, die mich wegen irgendeiner Funktion suchen, drastisch fliehe. Darüber aber erlebe ich Begegnungen, die schon vertrauten und die neuen, als den größten Reichtum, den das Leben mir schenkt. Ich möchte weiterhin ohne Nebenabsichten die anderen Menschen schätzen und von ihnen geschätzt werden. Vielleicht ist es auch deshalb gut, sich fernzuhalten von jeder Ausübung der Macht.

Kosovo – Palästina. Eine Reise

Am 30. April 1991 breche ich zu einer ungewöhnlichen Rundreise auf, die mich zuerst nach Kosovo, dann nach Israel und in die besetzten Palästinensergebiete führt. Was anfänglich wie ein rein zeitliches Zusammentreffen in einem sehr vollen Terminkalender aussehen mochte, enthüllte sich sehr bald als dichter thematischer Zusammenhang – eine Reise quer durch schwere Menschenrechtsverletzungen, durch ethnische Unvereinbarkeiten und Unversöhnlichkeiten, durch mutige Minderheiten, die auf fast hoffnungslosem Posten etwas dagegen zu tun versuchen.

Einmal mehr fühle ich mich – nach meiner Rückkehr – in meinem Verdacht bestätigt, daß es niemals einfache Antworten auf komplexe ethnische Problemstellungen gibt – und daß die Minderheiten, die für Zusammenleben eintreten, allemal einen besseren Anhaltspunkt liefern als alle Verfechter klarer und eindeutiger Grenzziehungen.

›Transnationale‹ Grüne in Belgrad

Die ›Grünen mit Hauptquartier in Belgrad‹ – so nennen sie sich, weil sie sich nicht als Serben verstehen wollen, sondern als ›transnationale und humanistische‹ Partei – um den bärtigen und prophetisch aussehenden 1968er Dragan Jovanović haben mich eingeladen, an ihrer Friedenskarawane nach Kosovo teilzunehmen. Zum ersten Mal kommt aus der serbischen und jugoslawischen Hauptstadt eine Dialog-Initiative, die mit den seit der faktischen Aufhebung der Autonomierechte des Kosovo (1989) stark unterdrückten Albanern Gespräch und Gemeinsamkeiten suchen will. Ich soll dabei als europäischer Schutzschild auftreten – von mir eingeladene Teilnehmer aus Südtirol und Italien werden mit großer Freude und Herzlichkeit empfangen.

Als ich am Vorabend des Aufbruches der Karawane nach meinen Vorstellungen zu Kosovo befragt werde, und mich im wesentlichen dafür ausspreche, daß diese vorwiegend albanisch besiedelte ›autonome Provinz‹ meines Erachtens durchaus den Status einer gleichberechtigten Republik, neben den schon bestehenden, verdienen würde und in Zukunft vielleicht eine balkanische Konföderation und ein vereintes Europa viele Probleme entzerren und besser lösen könnten, stimmt man nur dem zweiten Teil meiner Antwort zu. Branka Jovanović und Dejan Popov zeigen sich besorgt und fürchten, ich könne Urteile verkünden, bevor ich mir überhaupt die Lage näher angesehen habe. »Du hast keine Ahnung, wie heilig im Bewußtsein der Serben der Boden von Kosovo ist. Unsere wichtigsten Gräber und Klöster, Schlachtplätze und Burgen liegen dort. Wer als Antwort auf den groß-serbischen Nationalismus das Spiel der Albaner mitmacht, die heute eine Republik und morgen Groß-Albanien wollen, muß wissen, daß das hier wahrscheinlich Krieg bedeutet... Wir müssen eine Vision entwickeln, die nicht in die Nationalstaatlichkeit von früher zurückfällt. Und wer die Menschenrechte der Kosovo-Albaner verteidigt, darf die Drangsalierung der serbischen Minderheit dort nicht übersehen.« Aus der Diskussion mit dieser Gruppe in einem wienerisch-balkanisch anmutenden Restaurant spüre ich bald, daß der einstige jugoslawische Traum von einem pluri-nationalen Gemeinwesen nur noch in Minderheiten fortlebt – diese Belgrader Grünen stammen in ihren Wurzeln stark aus der 68er Bewegung, einige der Lehrmeister dieser jungen Menschen kamen aus dem Kreis um ›Praxis‹. So isoliert sie sich gegenüber dem serbischen Nationalismus fühlen (der sich parallel durch den Nationalkommunisten Milošević und den Nationalchauvinisten Drašković äußert, denen die Grünen gleichermaßen fernstehen), so empfindlich reagieren sie auf die ›westliche Einseitigkeit‹ in Sachen Kosovo, die ihrer Meinung nach weder die Fakten noch die Auswirkungen auf Serbien genügend ausgewogen berücksichtigt. Und da fällt dann das Wort ›Palästina‹: »man müßte die serbischen Gesichtspunkte doch auch so stark berücksichtigen, wie man das mit Israel tut, wenn von den Palästinensern die Rede ist...« Einer der jüngeren Anwesenden kennt Israel näher und war eine Zeitlang dort, hat sogar etwas Hebräisch gelernt. Und die älteren Grünen verstehen sich als ›ehemalige

Linke‹, die inzwischen von der Links-rechts-Polarisierung nicht mehr allzuviel halten, aber ihre soziale und – wie sie sie nennen – humanistische und aufgeklärte Grundhaltung nicht über Bord werfen möchten. Unter den jugoslawischen Teilrepubliken sympathisieren sie mit dem armen (und relativ pro-serbischen) Montenegro, wo eine junge Garde von Reformern an der Macht sei, die aus dem gebirgigen, kaum industrialisierten Land eine Art ›Öko-Republik‹ machen möchte und dafür in Europa Unterstützung sucht. Rückständigkeit als Chance, kommunistisches Erbe als genetische Neigung zu sozialverträglicher Wirtschaft und Politik – so stellt sich mir der Hintergrund dar. Auch sonst sind diese Grünen um konkrete und – wie sie es nennen – ›moderne‹ Politik bemüht: so haben sie beispielsweise eine Aktion initiiert, die schließlich dazu geführt hat, daß in Jugoslawien rund 3000 Tschernobyl-Kinder Ferien machen und sich ein bißchen von ihrer verstrahlten Umgebung erholen konnten. Diese Grünen waren zudem die einzigen in Serbien, wahrscheinlich aber in ganz Jugoslawien, die gegen den Golfkrieg demonstriert haben – sie sind stolz darauf, das gehört mit zu ihrer Identität.

Friedenskarawane nach Kosovo

Die über 40 Teilnehmer/innen der Friedenskarawane (größtenteils in einem Autobus, teils mit Pkws) sind recht bunt gemischt: die ›Belgrader Intellektuellen‹ um Prof. Zivotic, die eine und andere Feministin, eine Arbeiterin aus einem FIAT-verbundenen Werk, die sich als Modistin genügend hinzuverdient, daß sie auch politisch aktiv sein kann; Studenten, Angestellte… nicht wenige Frauen. Anfänglich ist man sich der Dramatik, der man entgegenfährt, wohl nicht so ganz bewußt – es schmerzt, daß beispielsweise die slowenischen Grünen, mit denen die Beziehungen recht kühl sind, der Initiative mißtrauisch gegenüberstehen und angedeutet haben sollen, »man werde den Ausländern wohl nur Parade-Albaner vorführen…« Der 1. Mai ist nur noch als verlängertes Wochenende wahrnehmbar. Und auf dem Weg nach Kosovo besucht man das serbische Kloster Studenitza. »Nach dem erzwungenen Rückzug der Serben vor den Türken wurde dieses Kloster lange von Albanern erhalten – die Serben wohnten früher in Kosovo, erst durch die Türken wurden sie vertrieben, die Albaner kamen später«, erzählt man uns. Warum sollte also Kosovo nicht ein Teil Serbiens bleiben, klingt aus dem Unterton.

Daß wir uns dann bald in Kosovo befinden, merken wir vor allem an der Beflaggung und an den Inschriften: neben Serbisch (das hier – zum Unterschied vom eigentlichen Serbien, wo kyrillische Buchstaben vorherrschen – meist lateinisch geschrieben wird), erscheint Albanisch, und neben der jugoslawischen und serbischen Flagge wehen auch eine albanische und eine türkische. Wobei die Berücksichtigung der türkischen Minderheit wohl eher eine Relativierung der albanischen Priorität darstellt – so etwa, wie man in Israel gerne von den Drusen spricht, wenn man sich nicht allzusehr auf die Palästinenser konzentrieren möchte.

Schon bei der ersten Versammlung in Kosovska Mitrovica erhitzt sich die Atmosphäre. Im Revier wurden in den Monaten seit September 1990 rund 12 000 Bergleute entlassen – praktisch nur Albaner. Der erste Anlaß dazu war – nach Ansicht der Albaner (und sie dürften darin kaum irren) – der Solidaritätsstreik mit der kosovo-albanischen Parteiführung, die im Sommer 1990 die Ausrufung einer eigenen Republik und die klandestine Verabschiedung einer Verfassung durch das aufgelöste Parlament von Kosovo gutgeheißen hatte und dafür vor Gericht gestellt wurde. Wir treffen mit rund 150 Menschen im Saal einer Schule zusammen. Neugier, anfängliches Mißtrauen, Erwartung. Vorne sitzen Vertreter der Belgrader Grünen und der ›albanischen Alternative‹, einer etwa sozialdemokratisch ausgerichteten Partei, die den Dialog befürwortet. Großen Respekt genießt im Saal der Schriftsteller Adem Demaci, der nach 28jähriger Haft wegen ›Separatismus‹ als ›kosovo-albanischer Mandela‹ vorgestellt wird. Wir hören uns die Klagen der Leute über willkürliche, ethnisch-politisch motivierte Massen-Entlassungen, über Diskriminierungen der albanischen Schulkinder und Lehrer (die seit Monaten nicht bezahlt werden, weil sie nicht nach serbischen Programmen lehren), über das Verbot der freien albanischen Presse, über soziales Elend und Massen-Arbeitslosigkeit an. Nach und nach melden sich immer mehr

Leute zu Wort. Umstritten ist der Wert des Dialogs mit den Serben: alle schätzen die Initiative der Belgrader Grünen hoch ein, viele meinen aber, sie komme zu spät, der Rubikon der totalen Unvereinbarkeit sei schon überschritten, es werde zu einer gewaltsamen Konfrontation kommen. Demaci aber warnt davor und spricht sich für Demokratie und Verhandlungen aus, ebenso Sceszen Maliqi, der Wortführer der ›albanischen Alternative‹. Meine Ausführungen über Autonomie-Erfahrungen und Europa werden mit großem Interesse aufgenommen – das Europäische Parlament genießt einiges Ansehen, weil es sich öfter für die Menschenrechte in Kosovo ausgesprochen hat. Die Belgrader Grünen zeigen sich beeindruckt, warnen aber vor vorschnellen Schlußfolgerungen.

Die erste Frucht dieser Versammlung kriegen wir wenig später zu spüren. In Pec hätten wir in Räumen des serbisch-orthodoxen Patriarchats übernachten sollen – offensichtlich hat man sich das inzwischen anders überlegt, und so müssen wir ins Hotel.

Ist's schon zu spät?

Zhur ist ein kleines Dorf, dicht an der Grenze zu Albanien, wo die Polizei mehrmals hart durchgegriffen und mehrere Jugendliche erschossen oder verletzt hat. Seit Monaten wagt sich kein Polizist mehr hin, am Dorfeingang steht Material bereit, um Barrikaden zu errichten. Auch hier findet die Dialogversammlung in der Schule statt – vor dem Eingang erwarten uns rund 20 Dorfälteste, denen wir allen die Hände zur Begrüßung schütteln. Der Saal ist übervoll, auch durch die offenen Fenster hören noch weitere Dorfbewohner mit. 300–400 Leute haben sich versammelt.

Hier geht es um vieles hitziger zu, politische Proklamationen werden verlesen, in denen eine eigene Republik Kosovo im jugoslawischen Verbund als Minimalprogramm und die Bereitschaft verkündet wird, das Blut der besten Söhne dafür zu opfern. Doch bald gelingt es auch hier, vom puren Austausch von Positionen zum Dialog zu kommen – mit wieviel Belastungen wird sofort ersichtlich, als beispielsweise eine obskure Episode angeblicher Massenvergiftung albanischer Kinder durch serbische Behörden erzählt wird, und wir später im Gegenzug von Kosovo-Serben hören, das sei alles von den Albanern für die Weltöffentlichkeit selbst inszeniert worden, mit eigens bereitgestellten Krankenwagen und Fernsehkameras.

Auf der Seite der serbischen Minderheit in Kosovo sei man terrorisiert und brauche einen starken serbischen Staat als Rückendeckung, wie man aus den leidvollen Erfahrungen der Autonomie-Jahre 1974–1989 schmerzhaft habe erleben müssen, wird uns im serbischen Dorf Strpce geklagt. Schauergeschichten über mordende, vergewaltigende und brandstiftende Albaner, »die übrigens nie wirklich gegen die faschistische Okkupation gekämpft, sondern im Gegenteil mit ihr sympathisiert haben«, werden von serbischen Altkommunisten zum besten gegeben. Im Dorf Lipjan verhindert die Milošević-Partei das schon angesagte Treffen mit Serben in der Dorfschule, man traut internationalen Delegationen und dem Dialog nicht. Sehr bewegend ist dagegen die Begegnung in einer albanisch-katholischen Kirche in Stuble, wo sich Leute aus der ganzen Umgebung samt Bischof eingefunden haben und zwar deutlich über Entrechtung klagen, aber nur im guten Zusammenleben eine Perspektive sehen können, weswegen sie unsere Friedenskarawane mit großer Sympathie und Feierlichkeit empfangen, was bei den Belgradern den Eindruck nicht verfehlt.

An der albanischen Universität in der Hauptstadt Pristine geht am letzten Tag unsere Karawane zu Ende. Hier haben sich die Intellektuellen versammelt und zählen systematisch die Verletzungen ihrer Rechte auf: von der Auflösung ihres Parlaments und ihrer Regierung zur Dezimierung des albanischen Personals im Gesundheitswesen, von Massenentlassungen und einem ungerechten Steuersystem zur Einstellung der Presse, von der Abschaffung albanischer Schulprogramme zur fingierten Vertretung Kosovos in der jugoslawischen Präsidentschaft... Das Menschenrechtskomitee um Adem Demaci, der sich immer wieder als Schlüsselfigur erweist, ist inzwischen international zu einem Begriff geworden.

Von einer politischen Lösung redet man zwar und hofft auf demokratische Mittel, schätzt aber – kaum verwunderlich – die grüne Dialog-Initiative als eine positive, doch hoffnungslos minderheitliche Ausnahme in der serbischen Politik. Europa wird von allen herbeigesehnt, doch spürt man immer wieder, daß man eine Stärkung der Position der Kosovo-Albaner eher durch den Zerfall Jugoslawiens, die Schwächung Serbiens und letztlich die neue Entwicklung in Albanien erhofft, als durch irgendwelche Verhandlungen mit dem serbischen Nationalismus, der sich in allen Schattierungen von links nach rechts äußert. Von den Belgrader Medien hingegen kommt der Vorwurf, daß von jenseits der Grenze Hunderttausende neuer Albaner eingeschleust werden, um einen Verdrängungswettbewerb zu gewinnen, der auch dank ungemein hoher kosovo-albanischer Geburtenraten auf dem Schlachtfeld ethnischer Demographie erbittert ausgetragen wird. (Wir verlassen Kosovo und Jugoslawien am Tag nach den bisher blutigsten Zusammenstößen zwischen Serben und Kroaten, unsere Belgrader Freunde fürchten sich geradezu vor der Rückkehr in ihren Alltag – »diese Friedenskarawane wird uns noch sehr teuer zu stehen kommen«, meinen sie.)

Je heiliger das Land, um so verbissener der Streit

Und gerade das demographische Wettrüsten mag die Brücke zu Israel und den Palästinensern schlagen, wo ich mit einer Delegation von 8 Parlamentariern aus 6 europäischen Ländern unterwegs bin. Zeitgleich mit dem Beginn der vierten Baker- (und ersten Bessmertnych-) Mission und unmittelbar vor einem Besuch des israelischen Außenministers David Levy bei der EG in Brüssel. Wir besuchen in Zusammenarbeit mit der UNRWA, dem UNO-Flüchtlingshilfswerk, zahlreiche palästinensische Flüchtlingslager im besetzten Westjordanland (sowohl nördlich, von Jerusalem nach Nablus, als südlich, Richtung Hebron) und im Gaza-Streifen, Krankenhäuser und Schulen, führen Gespräche mit repräsentativen Vertretern der Palästinenser in den besetzten Gebieten (Jerusalem inbegriffen) und der israelischen Parteien, wir treffen mit den westlichen Diplomaten und Journalisten in Jerusalem zusammen. Auf eigene Faust unternehme ich zudem Streifzüge in Richtung israelischer Friedenskräfte, europäischer

Freiwilligenorganisationen (Kooperation mit den Palästinensern) und zum jüdischen Weltkongreß, der gerade im Hilton-Hotel in Jerusalem tagt.

Schlachtfeld Demographie: das offizielle Israel freut sich auf die sowjetischen Juden (die man weitsichtigerweise an der Auswanderung nach Europa oder in die USA hindert!) – etwa 150 000 seien schon angekommen, weitere 450 000 würden erwartet. Parallele Freude herrscht über jeden der angeblich rund 25 000 Palästinenser, die angesichts der schwierigen Umstände jährlich das Land verlassen. Intifada und Golfkrieg haben ein übriges getan. Ökonomie und Entfaltungsmöglichkeiten der Palästinenser sind am Boden. Aus den Golfstaaten fließt wesentlich weniger Emigrantenlohn und politisch motivierte Finanzhilfe über die PLO kommt kaum mehr, und wer in Israels Landwirtschaft oder Dienstleistungsbranchen arbeitete, hat in vielen Fällen den Arbeitsplatz verloren. Wer kann schon eine Stelle behaupten, wenn man gegen Ausgangssperre, Polizeikontrollen (auf dem Weg zur Arbeit und erst recht, wenn man Waren liefert) und Verbote und Schikanen jeder Art anzukämpfen hat? »Die brüchige Kette palästinensischer Ökonomie enthält immer mindestens einige Glieder, die in israelischer Hand sind: das können Ersatzteile, behördliche Genehmigungen oder Kontrollen, Steuern oder Industrieprodukte sein...«, erklären uns übereinstimmend UNRWA-Funktionäre und Ökonomen der (geschlossenen) Palästinenseruniversitäten.

Wenn man durchs Land fährt, fallen einem sofort – vor allem auf vielen der zahlreichen Hügel – die befestigten israelischen Siedlungen auf. Auch das ist eine Kette, nur sind die Glieder stärker: das Land wird unter Nutzung vielfältiger Rechtstitel in Anspruch genommen (laut Palästinenser-Angaben schon fast 60% des Westjordanlands und 30% im Gaza-Streifen) und in ›jüdisches Land‹ verwandelt. Die Siedler brauchen Wohnungen, Zufahrtsstraßen, Arbeitsplätze und vor allem viel Wasser. Außerdem leben sie gefährdet, deshalb dürfen sie sich bewaffnen und von ihren Waffen Gebrauch machen – wer also bedrohlich bewaffnete Zivilisten als Teil des ›normalen‹ israelischen Alltags wahrnimmt, kann annehmen, daß er es mit Siedlern zu tun hat. Oder mit ›security‹-Leuten. ›Sicherheit‹ – dieser allgegenwärtige Traum/Wahn, der dazu führt, daß das Gesetz des Stärkeren ohne große Verbrämung angewandt wird, statt auf Sicherheit durch Integration, durch gute Nachbarschaft, durch Ausgleich zu setzen.

›Indianisierung‹ der Palästinenser

In den Lagern herrscht eine eiserne Faust, seit dem Golfkrieg – in dem die Palästinenser zweifellos mit Saddam Hussein sympathisiert haben und nun auch noch die Fehler ihrer Exil-Führung teuer bezahlen müssen. Israelische Patrouillen streifen demonstrativ durch die Gassen, Kollektivstrafen gehören zum harten Alltag (Schulschließungen, Zerstörungen von Häusern, Ausgangssperren, Barrikadierung der Lager gegen die Versuchung, Steine nach draußen zu werfen...), Kälte und Haß sind überall zu spüren. Wie muß die israelische Gesellschaft heute und morgen aussehen, wenn nun ein Großteil der männlichen und weiblichen Erwachsenen, denen man – auch auf wissenschaftlichen Kongressen oder künstlerischen Veranstaltungen – begegnet, über kurz oder lang in einer Besatzungsarmee gedient, Häuser durchsucht, Menschen festgenommen, vielleicht geschossen oder mit Waffen gedroht oder rüde verhört haben? Manche Soldatinnen und Soldaten, mit denen ich spreche, finden nichts besonderes daran – auch nicht, in Uniform (aber ohne Waffen) gruppenweise die heiligsten Moscheen Jerusalems zu betreten. Manche rechtfertigen sich mit dem Hinweis auf die arabische Umzingelung Israels oder auf das Grundsatzprogramm der PLO. Daß 1% der Palästinenser in Gefängnissen ist und rund ein Fünftel in den besetzten Gebieten als ›Unruhestifter‹ mit einem besonderen grünen Ausweis gekennzeichnet sind, der verschärfte Kontrollen und höchst eingeschränkte Bewegungsfreiheit nach sich zieht, oder daß die Palästinenser für ein Gesundheits- und Sozialversicherungssystem mitbesteuert werden, von dem sie praktisch nichts haben, dringt nicht wirklich ins Bewußtsein der meisten Israelis, oder wird als Teil einer harten, aber unausweichlichen Realität verstanden, die einfach Krieg heißt.

»In dieser Region ist kein Platz für einen dritten Staat neben Israel und Jordanien, und deshalb können wir nicht mit der PLO verhandeln, denn was ihr Ziel ist, geht gegen unsere vitalen Interessen«, erklärt uns Dan Tichon von der Likud-Partei.

So kann man verstehen, daß man von israelischer Seite soviel Zeit als möglich für sich nutzen und vollendete Tatsachen schaffen möchte, bevor womöglich die internationale Konstellation zu einem Frieden zwingt. Denn es geht um einen erbitterten Kampf um ein Land, das beiden Seiten heilig ist. Für Israels Juden heißt das Argument so: »die Araber können überall in 22 Staaten leben – für Juden gibt es nur diesen Fleck der Welt, von dem können wir also nichts preisgeben«. Und so möchte man recht offensichtlich die Palästinenser mehr und mehr auf Reservate eingrenzen und möglichst hinausgrausen.

Der Abgrund zwischen den Völkern

Die zahlreichen und gewichtigen Palästinenser, mit denen wir sprechen können – darunter mehrere Mitglieder der Delegation, die mit Baker verhandelt –, zeigen sich äußerst flexibel. Man weiß (und sagt es deutlich), daß Israel als Realität anerkannt werden muß, und behauptet, daß dies auch die wichtigsten arabischen Staaten sofort tun würden, wenn zwischen Israel und den Palästinensern Frieden geschlossen wird. Der einzige Festpunkt ist, daß man nicht ohne die PLO verhandeln kann und will, doch über alles andere läßt sich reden. Bittere Enttäuschung klingt durch, wenn gefragt wird, was denn bisher die Mäßigung für Früchte gezeitigt habe. Und doch, es gibt keine Alternative, und wenn man die derzeit noch angesehenen Wortführer aus den besetzten Gebieten nicht allzusehr delegitimiert und im Regen stehen läßt, müßte sich ein Ausgleich schon finden lassen. Wenn man ihn nur wollte.

Aber die Kontakte zwischen der israelischen und palästinensischen Seite haben sich enorm verschlechtert, vor allem seit dem Massaker in der Al-Aqsa Moschee, im Oktober 1990. Man spürt es auch den israelischen Friedensgruppen an, daß da kaum noch Dialog zum Alltag gehört – man ist getrennt, ohne viel Kommunikation, beiderseits unglücklich und wenig hoffnungsvoll. Der israelischen Linken, von der Arbeiterpartei bis zu den Bürgerrechtsgruppen, traut man kaum die Stärke zu, die Situation wirklich zu ändern – der Likud-Block ist da plakativer, deutlicher, überzeugender. Und die neuen Einwanderer – meint man – werden ihn auch noch stützen, zumindest zu Anfang. Was soll sich also ändern? Eine gewisse Hoffnung besteht gegenüber jenen Likud-Vertretern (wie Außenminister Levy, oder die Bürgermeister von Tel Aviv und Herzlya), die sich mehr auf die orientalischen Juden aus den arabischen Ländern stützen und somit eher an eine regionale Integration Israels denken als an ein allzu US-amerikanisches oder europäisches Land im Nahen Osten.

Palästina, Kosovo

Wie soll im israelisch-palästinensischen Konflikt, wie soll in Kosovo (wie soll in Zypern, in Georgien, in Armenien... man könnte die Reihe lang fortsetzen) eine Lösung gefunden werden, wenn nicht zumindest bescheidene ›Mauerspringer‹ Dialogfermente einbringen? ›Verräter‹ bräuchte es – nicht Überläufer, aber Mutige, die aus der Blockade ausbrechen. »Das Denken in Blöcken blockiert das Denken« gilt nicht nur für militärische oder ideologische Konfrontationen – bei ethnischen Konflikten spürt man das noch viel mehr. Reine, ungemischte Lösungen gibt es wahrscheinlich nur auf dem Papier – und wo man es versucht hat, wie beispielsweise – durch Umsiedlung – zwischen Griechen und Türken am Ende des Ersten Weltkriegs, blieben tiefe Gräben trotzdem bestehen.

Insofern mag es tröstlich und verpflichtend anmuten, wenn man spürt, wie stark die Erwartung gegenüber Europa ist. Kein Tag, während der langen Kosovo-Palästina-Reise, ist vergangen ohne mehrmals die Anrufung zu hören, daß »Europa helfen soll«, daß »Europa schlichten könnte«, daß »Europa ein gemeinsames Dach« oder zumindest beiden Seiten gleichermaßen Freund sein könnte – auch die israelische Linke und die Friedenskräfte vertraten diese Meinung. Nach dem Ende der USA-UdSSR-Polarisierung ist diese Erwartung noch ungemein angestiegen.

Ob eine mögliche friedenspolitische Dimension des europäischen Einigungsprozesses nicht übersehen oder sträflich vernachlässigt wird, wenn man nur für oder gegen den Binnenmarkt redet?

Angesichts bestimmter nationalistischer Explosionen vor allem in Ost- und Südosteuropa könnte man fast den Eindruck gewinnen, daß nun, wo der Zweite Weltkrieg endgültig beendet und begraben scheint, der Erste wieder beginnen kann. Und wenn man zudem bedenkt, daß auch an vielen anderen Ecken Europas das Aufwallen nationaler oder ethnischer oder gar ›rassischer‹ Emotionen und Konflikte zu bemerken und die Tendenz eindeutig zunehmend ist, muß man sich schon fragen, ob wieder ›europäische Bürgerkriege‹ – d.h. Kriege zwischen europäischen Völkern – möglich werden, und ob Nationalismus tatsächlich als bereits überwundenes Erbe des 19. und der ersten Hälfte des 20. Jahrhunderts abgetan werden kann.

Nationale und/oder ethnische Bewegungen und Konflikte erstarken wieder – nicht nur im Osten

Wer in den letzten Jahrzehnten die potentielle Sprengkraft ethnonationaler Faktoren unterschätzt hat und als überholt betrachtete, kann heute vielfach nur verständnislos den Kopf schütteln und von Irrationalität sprechen. Wer hingegen genauer hingesehen hatte, konnte schon früher erkannt haben, was heute manche Osteuropäer den Westeuropäern vorhalten, wenn sie sagen (wie mir das bei der ›Helsinki Citizens' Assembly‹ in Prag 1990 passierte), daß für den Westen der Nationalismus vielleicht selbstverständlich negativ besetzt sein mag, dies aber für den Osten schon deshalb nicht gelten kann, weil man eben erst aus einer Art Zwangs- und Fassaden-Internationalismus entlassen worden sei, und nun seine Zeit brauche, bis man die angemessene und freigewählte Form des Selbstseins finde. Und nach dem sehr plötzlichen Niedergang der bisher staats- und wohl auch irgendwie – erzwungenermaßen – gesellschaftsstiftenden Ideologie tritt deutlich zutage, daß vor allem Religion und Nation, Glaube und Vaterland in den Katakomben überlebt haben und nun – wahrscheinlich vorübergehend, doch deshalb nicht weniger heftig – zum neuen Fundament gemeinschafts- und identitätsbegründender Selbstfindung werden. Das mag manchmal etwas sehr Künstliches an sich haben, wie die neu geschneiderten kroatischen Parade-Uniformen, die russisch-zaristischen Flaggen und gar gewisse Möchtegern-Monarchen, die aus der Versenkung auftauchen, doch scheint den betroffenen Menschen und Völkern das national oder ethnisch bestimmte ›Wir‹-Bewußtsein immer noch mehr zu bedeuten als beispielsweise der Glaube an Gemeinsamkeit im Namen des Fortschritts, der Völkerverbrüderung oder der sozialen Gerechtigkeit. Ob dann bald die aus dem Westen schon bekannte Wissenschafts-, Technik- und Geldanbetung oder etwas anderes und besseres folgen wird, läßt sich noch nicht ermessen und wird teilweise auch davon abhängen, wie man nun mit dem ethno-nationalen Erwachen umzugehen versteht.

Das – übrigens – gewiß nicht nur im vormals kommunistisch beherrschten Osten vorkommt, sondern in verschiedenen Formen auch in den westlichen Ländern zu finden ist. Man denke nur an die unterschiedlichen autonomistischen Bewegungen, die als Reaktion auf Zentralismus, forcierte Modernisierung, Unterdrückung und Gleichschaltung von Diversität auch im Westen florieren, oder an die grassierende Fremdenfeindlichkeit, die bis zu Rassismus und Gewalt reicht. Womit auch gleich gesagt sein soll, daß es eine sehr breite Palette ethno-nationaler Regungen und Bewegungen verschiedener Qualität gibt, die nicht alle über denselben Leisten zu schustern sind und jedenfalls eine differenzierte Betrachtung und Herangehensweise erfordern. Und wobei Mittel- und Osteuropa, ähnlich wie bestimmte (geographisch oder sozio-ökonomisch) eher periphere Gebiete, eigentlich eine viel größere Vielfalt und daher vielleicht auch ein größeres Spannungspotential erhalten haben, als die Hochburgen der Industrie, der Technik, der Massenkommunikation und der durchorganisierten und durchverwalteten Modernität. Und Spannung darf doch nicht einfach bloß negativ besetzt werden, da liegt auch viel Vitalität und Echtheit drin.

Ansteckungsvermögen, Sprengkraft, originäre und kreative Momente: destruktive und konstruktive Aspekte

Das Ansteckungsvermögen ethno-nationaler Bewegungen ist jedenfalls groß, und man braucht nur die fortzeugende Anstiftungskraft der Forderung nach Selbstbestimmung und Nationalstaat oder zumindest Autonomie und Selbstregierung zu betrachten, um sich jetzt schon gut ausmalen zu können, daß die nationale oder ethnische Frage in ganz Europa noch mitnichten ausgestanden oder keim-unfähig gemacht worden ist und in den kommenden Jahren und vielleicht Jahrzehnten viel Kopfzerbrechen (vielleicht auch das Zerbrechen vieler Köpfe) bereiten kann. Die Sprengkraft und die Fähigkeit nationaler (ethnischer, rassischer, religiöser...) Mobilisierungen, breite Schichten mitzureißen, übersteigt nämlich bei weitem die Intensität sozialer Konfrontationslinien. Daß aus solchen an sich nicht immer sterilen und unheilvollen ethno-nationalen Regungen auch sehr gefährliche Spannungen, samt internationalen und selbst militärischen Auswirkungen werden können, ist sattsam bekannt, und die tragische Erfahrung in Jugoslawien liefert leider jede Menge an Proben aufs Exempel, und die außereuropäischen Prozesse könnten teilweise noch um vieles gewaltsamer ablaufen als jene in Europa. Wir sind wahrscheinlich noch längst nicht auf dem Höhepunkt solcher Aufwallungen angelangt – der könnte beispielsweise erreicht werden, wenn sich aggressiver (oder gar defensiv gedachter) Nationalismus etwa mit dem Besitz von Atomwaffen paart.

Ethnische und nationale Beben können sicher nicht bloß als eine bei Zerfallsprozessen vorheriger, großräumiger Ordnungen freigesetzte Energie gedeutet werden, obwohl natürlich derartige Auflösungen enorme Umschichtungen hervorrufen: man denke nur an das Osmanische Reich oder an Österreich-Ungarn... Man wird kaum erwarten können, daß die oft sehr willkürlichen staatlichen Gebilde und Grenzen auf Dauer nicht nur in Europa, sondern vor allem in Afrika und möglicherweise in nicht allzuferner Zukunft auch in Asien oder Lateinamerika so bleiben, wie wir sie heute kennen.

Es gibt auch sehr viele originäre und konstruktive Aspekte in ethno-nationalen Bewegungen, so beispielsweise die Aufwertung von sprachlicher und kultureller Eigenart, Tradition und spezifischer Lebensbewältigung, ohne auf den ökonomischen oder politischen ›Stellenwert‹ zu achten. Es gibt heute rund 170 souveräne Staaten, aber gewiß über 5000 Sprachen; die erzwungene und mittels ökonomischer, politischer oder gar militärischer Gewalt durchgesetzte Reduktion auf bloß eine einzige Art von ›Entwicklung‹ (die der modernen Industriegesellschaft), eine einzige Art der politisch-rechtlichen Ordnung (die des modernen sogenannten ›Nationalstaats‹) und eine einzige Art von Ökonomie (die vom Weltmarkt dominierte Geld- und Profitwirtschaft) ruft verständlicherweise Widerstände auf den Plan und muß geradezu als Herausforderung verstanden werden, abseits vom ›Fortschritt‹ – und quer dazu – Ökonomien, Kulturen und Formen der Gemeinschafts- und Lebensgestaltung zu erhalten und zu verteidigen, die sich gegen den Strom stemmen und vital genug sind, trotz der großen Energie, die dazu erforderlich ist, ihre ›unrentable‹ und gewissermaßen störende Existenz zu erhalten und fortzuentwickeln.

Gerade diese oft absolut nicht klar auseinanderzuhaltende Mischung von konstruktiven und destruktiven Aspekten ethnonationaler Bestrebungen macht deren jeweilige Beurteilung und zuverlässige Prognosen so schwer. Wo heute Balten, Kaukasier, Südtiroler, Basken, Armenier, Kurden und Lappen ihre je verschiedenen ethnischen oder nationalen Anliegen verfechten, sind die jeweils besonderen Ziele und die Reaktionen darauf sehr gefächert und gespalten. Nicht für alle Volks- oder Sprachgruppen, Völker oder Stämme ist die Erreichung eines eigenen Staates das höchste der Gefühle, aber gewiß ist immer ein möglichst hohes Maß an Eigenständigkeit intendiert. Unter den Beobachtern solcher Prozesse – die bis hin zur staatlichen Abspaltung, bzw. zum Aufbau neuer Staaten führen können – sind sie für einige einfach deswegen an sich positiv und hoffnungsvoll, weil sie darin eine Art der Verwirklichung des »small is beautiful – klein, aber fein« sehen, und eine gesunde Reaktion gegen Zentralismus,

Bürokratie und Fremdbestimmung. Für andere hingegen lauert jedesmal gleich ein gefährliches Wiederaufleben des Nationalstaats hinter der Mauer, womöglich mit Armee und vielleicht auch Krieg. Wobei alte Probleme wie überkommene Erbfeindschaften, ungelöste Grenzprobleme, festgefahrene Unterdrückungen und Diskriminierungen, historische Unrechtssituationen... sich mit neuen Spannungen paaren können: Vertreibungen neueren Datums, z.B., oder übermäßige Zuwanderung, Aufkommen neuer Anschauungen und Bewußtseinsformen (vom Regionalismus zur Xenophobie), und dies alles in einem Gemisch sozialer und ethnischer Spannungen, die tatsächlich sicherheitsgefährdend wirken können und die Versuchung nahelegen könnten, lieber einen (möglichst ›guten‹) Weltgendarmen anzurufen, als derartige Konflikte durchzustehen.

Rückkehr zum Nationalstaat?

Und während gleichzeitig in so manchen Teilen Europas deutliche Nostalgie gegenüber früheren plurinationalen Ordnungen – insbesondere Österreich-Ungarn, aber auch der mittelalterlichen Reichsidee – zu spüren sind (ebensowenig kann man ausschließen, daß schon in wenigen Jahrzehnten eine Sowjet- oder Jugoslawien-Nostalgie entstehen könnte...) und Westeuropa eher die supranationale Integration auf seine Fahnen geschrieben hat, erweisen sich föderale, plurinationale Gebilde wie die Sowjetunion oder Jugoslawien (aber das könnte bald auch schon für die Tschechoslowakei gelten) als unfähig, nach dem Zusammenbruch der staatstragenden Ideologie und des entsprechenden Machtapparates den Föderalismus als solchen noch gut zu finden, zu retten und neu zu qualifizieren. Was übrigens nicht nur für den Osten gilt: selbst Belgien oder Kanada, beispielsweise, sind in ihrem Zusammenhalt und in der positiven Akzeptanz plurinationaler Föderation oder Konföderation keineswegs so stabil, wie man meinen könnte. Und in Regionen der Erde, wo bisher Staaten und Grenzen – aus verschiedenen Gründen – nicht zur Diskussion zu stehen schienen und sich eher Tendenzen zur Vereinigung des Kontinents abzuzeichnen schienen (wie in Afrika, Asien, Lateinamerika), ist es inzwischen keineswegs mehr gewährleistet, daß nationale oder ethnische Spannungen nicht bald schon die bestehenden Staaten und Grenzen erschüttern.

Ist es also so, daß wir uns (neuerdings wieder) damit anfreunden müssen, daß Völker (und möglicherweise Volksgruppen) die Bildung eines Nationalstaats oder den Anschluß an einen Nationalstaat oder die Spaltung in Nationalstaaten als den besten oder gar alleinseligmachenden Weg zur Verwirklichung ihrer Aspirationen erkennen und zielstrebig verfolgen? Muß die Idee völkerverbindender und über-ethnischer oder -nationaler Zusammenschlüsse als aufklärerische Illusion, als lebloses idealistisches Kunstgebilde aufgegeben und lieber der Nationalstaat mit möglichst sauberen und klaren Grenzen angestrebt werden? Ist nicht die Langsamkeit und die Widersprüchlichkeit des westeuropäischen Integrationsprozesses selbst ein deutliches Eingeständnis, daß man derartige Grillen lieber beiseite lassen sollte?

Zum Selbstbestimmungsrecht der Völker: Nationalstaat als ungeeignete Antwort

So denken heute nicht wenige, vor allem von denen, die das Selbstbestimmungsrecht der Völker (was immer das heißen mag: ›Selbstbestimmung‹ und ›Volk‹) als wichtigstes kollektives Recht ziemlich unhinterfragt auf den Hauptaltar der Neuordnung der Welt stellen möchten. Doch übersieht man dabei gerne zumindest zwei grundlegende Realitäten: daß nämlich die ›Völker‹ in der Welt, und auch in Europa, in den seltensten Fällen so konzentriert und ungemischt siedeln, wie es für klare ethnische Grenzziehungen erforderlich wäre, und daß die Durchsetzung von Nationalstaatlichkeit unter den gegenwärtigen Umständen ein hohes Maß an (auch internationalem) Konflikt implizieren kann.

Das hat etwas mit einigen bisher meist unwidersprochenen Eigenschaften der Staaten zu tun, die anscheinend unantastbar fortbestehen und zum Kernbestand der Nationalstaatlichkeit geworden sind, aber angesichts der historischen Katastrophen, die sie mitbewirkt haben, eigentlich ihre Legitimation verloren haben müßten.

»Jeder Staat eine Nation (ein Nationalstaat)«, »jeder Nation ihren Staat« (»jedem Volk seinen Nationalstaat«), »jedem (National)staat seine Souveränität« (samt Recht auf Militär und Krieg), »Nichteinmischung in die inneren Angelegenheiten« als Quintessenz der nationalen Souveränität, vielleicht noch »saubere Grenzziehung nach klar erkennbaren ethnischen Kriterien« (wie es noch zu Ende des Ersten Weltkriegs in den 14 Punkten Wilsons stand und nicht verwirklicht wurde) sind so in etwa die unhinterfragten Selbstverständlichkeiten, die meist hinter der gegenwärtigen Selbstbestimmungswelle und den nationalen/ethnischen Bestrebungen stehen und für sich beanspruchen, zu den nicht weiter beweisbedürftigen Axiomen des Völkerrechts zu zählen.

Und tatsächlich dürfen alle jene, die diese Kriterien für ihren – vielleicht schon sehr soliden – Nationalstaat in Anspruch nehmen, dann auch nicht besonders entsetzt sein, wenn neue Bewerber auf den Plan treten und sie ebenfalls für sich reklamieren: ob das nun Korsen gegenüber Frankreich, Ungarn gegenüber Rumänien oder Kurden gegenüber der Türkei sein mögen. Wer den Teufel des Separatismus mit dem Beelzebub des Nationalstaats austreiben will, kann kein guter Exorzist sein. Wir haben kein Recht, uns zu entrüsten, wenn andere unsere Fehler nachahmen möchten – ob es sich dabei um forcierte Industrialisierung, Nationalstaat oder Energiekonsum handelt.

Dennoch geben diese Kriterien keine sehr brauchbare und erst recht keine friedliche Perspektive für das Selbstbestimmungsrecht her, das übrigens 1975 in der famosen Schlußakte von Helsinki heuchlerischerweise in einem Atemzug mit der Unverletzlichkeit der Grenzen (außer durch einvernehmliche Regelungen) benannt wird. Denn wie die Erfahrung zeigt, ist es ungeheuer schwierig – ich würde sagen, in den meisten Fällen unmöglich – ›richtige‹ oder ›gerechte‹ oder ›ethnisch einwandfreie‹ Grenzziehungen festzulegen – und erst recht, sie auch friedlich durchzusetzen; es ist, vor allem angesichts schwerer Menschenrechtsverletzungen oder Unterdrückung von Minderheiten, aber auch angesichts beispielsweise großer ökologischer Schädigungen, nicht mehr länger zu rechtfertigen, daß eine Staatsgrenze eine unüberwindliche Barriere gegen (friedliche) ›Einmischung‹ darstellen soll; es ist kaum möglich, in einer immer enger interdependenten Welt bisherige nahezu ›privatrechtliche‹ Formen von Souveränität aufrechtzuerhalten (»usque ad sidera, usque ad inferos«, wie das Privateigentum im römischen Recht); es gibt viel mehr Völker, Volksgruppen, Stämme usw., als Nationalstaaten in ihrem heutigen Gepräge möglich sind; es gibt kaum irgendwo ein Volk, das tatsächlich als ganzes in einem Staat und dort alleine lebt, und kaum irgendwo einen Staat, der tatsächlich mit Fug und Recht als mono-ethnischer Nationalstaat betrachtet werden kann. Wie kann man da weiterhin im Nationalstaat die beste Antwort auf das Bedürfnis der Menschen und Völker nach Selbstverwirklichung sehen?

Gretchenfrage: ethnischer Exklusivismus oder Politik des Zusammenlebens?

Da wäre es vielleicht doch besser, die bisherigen Vorstellungen vom Nationalstaat in den Bereich idealtypischer, aber schwer realisierbarer Phantasievorstellungen zu verweisen und die Grundvorstellung, die damit zusammenhängt, als verfehlt (und jedenfalls undurchführbar) zu charakterisieren: daß nämlich ein Volk (oder eine Volksgruppe, usw.), um gut leben und sich selbst verwirklichen zu können, in einem ethnisch homogenen und womöglich souveränen Rahmen oder zumindest als Mehrheit auf ihrem Territorium leben muß. Das führt zu ethnischem Exklusivismus, der in seinen extremen, aber leider gar nicht so seltenen Formen zur Zwangs-Inklusion oder zur Zwangs-Exklusion der ›anderen‹ (Menschen, Gruppen, Sprachen, Kulturen, Religionen...) führt. Nämlich zu erzwungener und häufig gewaltsamer Assimilierung einerseits oder zu Diskriminierung, Vertreibung, Aussiedlung oder gar Auslöschung andererseits, und jedenfalls zu Reibungen und gar Krieg mit anderen führt – das kennt man ja mittlerweile aus der Geschichte, man sollte deshalb sehr hellhörig sein. Wer einen ›Staat der Deutschen‹ (der Slowenen, der Italiener, der Rumänen...) möchte, darf sich nicht wundern, daß sich dann alle jene, die gerade nicht zu den Deutschen (Slowenen,

Italienern, Rumänen...) zählen, unwohl fühlen und sich zu wehren beginnen. Und je mehr Staatlichkeit mit der Durchsetzung ethnischer oder nationaler Anliegen verbunden ist, desto gefährlicher können die Auswirkungen werden. Auch eine Politik fürs pluri-ethnische Zusammenleben kann nicht in erster Linie auf Staatlichkeit setzen, erfordert aber dennoch ein gewisses Maß an institutioneller Absicherung des sprachlichen, ethnischen, kulturellen, religiösen Pluralismus' und der substantiellen Gleichberechtigung, und vor allem der tatsächlichen Anerkennung und Förderung von Diversität und ihrer Würde.

Wer ethnischen Exklusivismus als unheilvolle Versuchung und Negativziel im Auge hat, wird sich hingegen positiv um Entwürfe fürs Zusammenleben bemühen müssen: darin dürfte heute die zentrale Herausforderung liegen, danach wird man auch Staaten und politische Strukturen befragen müssen. Ethnischer Exklusivismus versus Politik des Zusammenlebens – darin liegt eine ganz wesentliche Gretchenfrage für Staaten, Verfassungen und Rechtsordnungen – und auch politische Bewegungen. Eher als die ethnische oder nationale Dimension wird man die Bindung der gemeinsam auf einem Territorium lebenden Menschen an dieses Gebiet aufwerten und ansprechen müssen: die territoriale Dimension eher als die ethnische. Da können ökologische, soziale, wirtschaftliche und andere Aspekte stark hineinwirken, und da kann eine eher föderalistische Konzeption mehr hergeben als Nationalstaatlichkeit und ihre verkleinerten Karikaturen. Auch weil die meisten heute bestehenden sog. Nationalstaaten gleichzeitig zu groß und zu klein sind: zu groß, um tatsächlich Demokratie und Partizipation gewährleisten zu können; zu klein, um wirksam Probleme mit supranationaler Dimension (man denke nur an den Umweltschutz oder an die Sicherheitspolitik!) lösen zu können.

Kann europäischer Föderalismus eine Antwort sein?

Daher scheint es einleuchtend, den ethnozentrischen und nationalistischen Ansätzen gegenüber ein hohes Mißtrauen zu bewahren – bis hin zu suspekten Formeln vom ›Europa der Vaterländer‹

oder ›der Völker und/oder Volksgruppen‹ – während ein ›Europa der Regionen‹ einen viel besseren Ansatz für eine demokratische Politik der Autonomien, des Zusammenlebens und der tatsächlichen (nicht bloß einmaligen und formelhaften) Selbstbestimmung hergibt. Den Föderalismus, den es heute braucht, um die bisher angesprochenen Fragen irgendwie zu bewältigen, könnte man vielleicht am besten als gleichzeitige Abgabe von Macht und Kompetenzen nach unten und nach oben bezeichnen: nach unten, durch entsprechende Stärkung lokaler Autonomie und Selbstregierung, nach oben durch Aufbau supranationaler Zusammenhänge und Ordnungsstrukturen. Dezentrale Macht muß auch bedeuten, daß ethnisch oder sprachlich besonders definierte Gemeinschaften und Minderheiten einen besonderen Anspruch auf adäquate politische Strukturen haben, um gleichzeitig ihr nötiges Eigenleben pflegen zu können und den Austausch und das gleichberechtigte Zusammenleben der Menschen und der Kulturen zu fördern. Die Anerkennung von besonderen Autonomieformen und institutionell verankerter Mehrsprachigkeit in den betreffenden Siedlungsgebieten und im Staat sind ein wichtiges Element in diese Richtung.

Die Europäische Gemeinschaft, die EG, ist dabei sicher heute in Europa und weit darüber hinaus jener Ansatz, auf den man von vielen Seiten am hoffnungsvollsten blickt.

Die EG ist kein Traum und schon gar kein Idealbeispiel für Demokratie, Autonomien und Föderalismus, und doch ist es unbestritten jenes ›real existierende Europa‹, auf das man sich heute allerseits bezieht – um es zu loben, zu kritisieren, nachzuahmen oder zu bekämpfen.

Chancen und Hindernisse durch die EG

Stellen wir uns also diesbezüglich abschließend drei wichtige Fragen, von deren praktischer Beantwortung für Europas Zukunft viel abhängen kann.

1. was enthält die bisherige Erfahrung der EG an positiven Ansätzen in Richtung supra-nationaler, föderalistischer Ordnungen?
2. was weist hingegen diesbezüglich in die falsche Richtung?

3. was müßte sich in der EG und um die EG herum ändern, um einen glaubhaften und auch für den Osten ›attraktiven‹ Europa-Föderalismus zu entwickeln, der sich als Alternative zum Rückfall in die Nationalstaatlichkeit bewähren könnte?

Positive Erfahrungen

Zu den positiven und richtungweisenden Elementen der EG-Erfahrung könnte man beispielsweise folgende zählen:

– ein Integrationsprozeß wurde in Gang gesetzt, der historische ›Erbfeinde‹ zusammenbringt, Grenzen abbaut, gemeinsame Politik und gemeinsame Organe (beispielsweise das Europäische Parlament und die Exekutivkommission der EG) zustandebringt;

– ein gemeinsames Bundesrecht wurde – zumindest in Teilen und Bereichen – entwickelt, ein gemeinsamer Vorrat von Rechten, Verpflichtungen, Chancen auch für die Bürger festgelegt;

– der Integrationsprozeß verläuft bisher weitgehend unter Erhaltung wichtiger Elemente der Vielfalt (z.B. der Sprachen und Kulturen, zumindest auf der ›nationalen‹ Ebene; auf der ›infranationalen‹ allerdings viel weniger).

Gefahren und negative Aspekte

Ohne sich hier auf eine allgemeine und allseitige EG-Kritik einzulassen, muß doch in Hinblick auf unser Thema hervorgehoben werden, daß es sich um ein vorwiegend bis ausschließlich auf Ökonomie und Finanz zentriertes, stark technokratisches Gebilde handelt, das sich u.a. durch einige fundamentale Defizite negativ auszeichnet:

Demokratiedefizit: einer starken ›Summe der nationalen Exekutivorgane‹ (EG-Ministerrat) und einer Gemeinschaftsexekutive (EG-Kommission), die nicht einmal vom Parlament gewählt ist, steht ein schwaches Parlament gegenüber, andere demokratische Instrumente für Beteiligung und Mitsprache gibt es praktisch nicht;

Föderalismusdefizit: die Nationalstaaten machen die EG-Politik über den Rat; Regionalismus kommt kaum vor, die EG ›zwingt‹ ihre Mitgliedsstaaten zu keinem Mindeststandard an Regionalismus, Autonomien, Minderheitenschutz, Dezentralisierung der Macht;

Europa-Defizit: selbst wenn sich nun die EG (die 12 Staaten) und die 7 EFTA-Staaten zum ›Europäischen Wirtschaftsraum‹ (EWR) zusammentun und die EFTA bald in der EG aufgehen sollte, steht immer noch das reiche Europa dem restlichen Teil des ›alten Erdteils‹ getrennt gegenüber; Mittel- und Osteuropa kommen nicht vor und werden in immer neue Wartezimmer verwiesen, um den Fortgang der ökonomischen, politischen und militärischen Integration Westeuropas und dessen Bündnisse und Interessen nicht zu stören.

Was müßte anders werden?

Die Überwindung der genannten Defizite und die Bemühungen, die Europäische Gemeinschaft demokratie-, föderalismus- und ›europafähiger‹ zu machen, werden also vor allem in folgende Richtungen gehen müssen, die einen möglichen Umbau der EG charakterisieren könnten:

- Politik vor Wirtschaft und Währung, d.h. starker Ausbau der politischen Dimension der europäischen Integration, auch unabhängig vom Fortgang und von der Ausdehnung einer (derzeit westeuropäischen) Wirtschafts- und Währungsunion; hierbei könnten andere europäische Prozesse außerhalb der EG, wie beispielsweise die KSZE oder der Europarat, eine positive Rolle spielen;
- entschiedener Einbau demokratischer (nicht bloß, aber auch parlamentarischer) Elemente in den europäischen Einigungsprozeß, der bisher vor allem auf der wirtschaftlichen und intergouvernementalen Ebene vor sich ging;
- volle Öffnung gegenüber allen europäischen Ländern, die den Beitritt zur Gemeinschaft wünschen (›mehr Osten‹ also), was natürlich auch die partielle Umgestaltung der bisherigen Formen der Gemeinschaft zu einem ›gemeinsamen europäischen Haus‹ erfordert; Möglichkeit eines politischen Beitritts zur Europäischen Gemeinschaft auch ohne Beitritt zum gemeinsamen Markt;

- Regionalismus, Autonomien und Minderheitenschutz als Wesenselemente der inneren Architektur einer solchen europäischen Gemeinschaft: die bisherigen Konzessionen an die ›Subsidiarität‹ sind absolut ungenügend, in einem derartigen Kontext müßten beispielsweise auch ›Europaregionen‹ jenseits der bisherigen Staatsgrenzen möglich sein, eine verbindliche ›Charta der Rechte der Volksgruppen und Minderheiten‹ und ein verbindlicher Mindestbestand an Dezentralisierung der Staatsmacht bzw. an Autonomie und Regionalismus müßte zum konstitutiven Element und geradezu zur Bedingung für die Teilnahme an der Europäischen Gemeinschaft werden.

Demokratischer, autonomistischer, gesamteuropäischer Föderalismus ist als ein mögliches und glaubhaftes Instrumentarium für eine Politik und Kultur des Zusammenlebens und der demokratischen ›Selbstbestimmung‹ denkbar – als genügend ›attraktive‹ Alternative zur nationalistischen Desintegration. Die Rückkehr zum Nationalstaat ist es hingegen nicht, ebensowenig wie die einseitige West-Integration Europas mit einer daraus folgenden ›Südamerikanisierung‹ Mittel- und Osteuropas.

Allzuviel Zeit wird man sich nicht lassen können: die erforderlichen Antworten müssen schnell und überzeugend gegeben werden, wenn der Weg in eine historische europäische Katastrophe eine Alternative haben soll. Darin, nicht im großen Binnenmarkt, liegt die Chance und die Bewährungsprobe der Europäischen Gemeinschaft.

Die Erde nach Rio

Was bleibt vom größten Umwelt-Spektakel der Geschichte? Den armen Ländern ein schlechtes Gewissen, den Industriestaaten die Rolle einer grünen Weltpolizei, der Stadt Rio das Geschäft eines Öko-Karnevals, den Eingeborenenstämmen fünf Minuten Redezeit.

Trotzdem – wenigstens ein kleines Stück Wiedergutmachung hat in Rio begonnen.

Fast müßte man als Grüner zu bocken beginnen. Die obersten Zehntausend haben nun der ganzen Welt mit grobem Pomp und Trara den Umweltschutz zur Staatsräson erklärt und einen weltweiten Kreuzzug zur Sanierung der maroden Natur ausgerufen. Denn an Taten und konkreten Verpflichtungen haben sie es weitgehend mangeln lassen, und selbst um das lumpige Kleingeld zur Finanzierung längst übernommener Zusagen (beispielsweise 0,70 % des Einkommens der Reichen als Ausgleich an die Armen) wird unsäglich gefeilscht, und am Schluß ist nicht einmal das Jahr 2000 als Zahltag akzeptiert. Über Atomkraft und Atommüll, Schutz der Ozeane und der Bergwildnis, der Antarktis und des landwirtschaftlichen Bodens durfte gar nicht erst geredet und verhandelt werden.

Und was ganz besonders auffällt: die Industriestaaten, die bisher die Natur weitaus am meisten ausgebeutet, verschmutzt und geplündert haben, wollen nun grüne Weltpolizei gegenüber der unterentwickelten Dritten Welt spielen: »Ihr müßt weniger Kinder gebären, weniger Bäume abholzen und weniger Geld für unrentable soziale Ausgaben verschwenden, sonst wird es euch und der Umwelt nie besser gehen… Nachdruck verleiht man solchen Mahnungen durch Weltbank und Internationalen Währungsfonds: zwei bedenkliche Folterschrauben, die man fast nach Belieben anziehen oder lockern kann, je nachdem, ob man Regierungen im Süden der Welt helfen oder sie in die Enge treiben will.

Die USA, größte Umweltverschmutzer und -verbraucher der Erde, haben sich vom Geist von Rio nicht soweit anstecken lassen, daß sie in den neuen allgemeinen grünen Weltkonsens eingemündet wären: im Wahljahr zog es Präsident Bush vor, die kurzfristigen nationalen Interessen und Arbeitsplätze der Nordamerikaner und ihrer Firmen bis aufs letzte zu verteidigen, so daß auch der US-Umweltschutz noch zum Druckmittel gegenüber dem Rest der Welt wird: einerseits Produktnormen, die manchem die Einfuhr in die USA erschweren, weil die Erzeugnisse nicht umweltfreundlich genug sind, andererseits die strikte Ablehnung, für übermäßigen Energieverbrauch und freien Zugang zur Artenvielfalt der Tropenländer irgendeine Ausgleichszahlung an die Ärmeren zu leisten.

So beginnt nun die ›Ära-nach-Rio‹: der Erste und der Zweite Weltkrieg wurden mit Friedensverträgen beendet, die eine Neuordnung der politischen Landkarte mit sich brachten; der Kalte Krieg und die Zeit der Entkolonialisierung hätte mit einem neuen, weltweiten ökologischen Friedens- und Kooperationsvertrag enden können, doch wurde diese Chance weitgehend verspielt. Nur die Notwendigkeit wurde erkannt und proklamiert; sie durchzusetzen, hat man den kommenden Jahrzehnten überlassen – wenn nur so viel Zeit bleibt.

Und wer die ökologische Wende tatsächlich ernsthaft betreiben will, darf nach ›Rio '92‹ zwar auf UNO-anerkannte Grundsätze und die ›Erklärung von Rio‹ pochen, wird aber sein Engagement so weit nach vorne schieben müssen, daß er die Banalitäten und Selbstverständlichkeiten, die inzwischen Gemeinplatz geworden sind, verläßt und sich Tag um Tag fragt, wo ein Stück Zerstörung oder Verschmutzung aufgehalten und ein Stück Sanierung gefördert werden kann. Das Rezept wird heißen ›weniger ist mehr‹: weniger Verkehr, weniger Chemie, weniger Müll, weniger Rüstung, weniger Energieverbrauch, weniger Bevölkerung, weniger Verbauung... Einfachheit, Kooperation und Anpassung werden gefragt sein – etwas von jener ›arte dell' arrangiarsi‹ (Kunst des Überlebens, könnte man sagen), in der die Armen und ›Rückständigen‹ den Reichen und ›Fortschrittlichen‹ viel beizubringen hätten.

Die Alternative zu einer friedlichen und einvernehmlichen Lastenverteilung bei der Umweltsanierung heißt wahrscheinlich ›Risiko-Poker‹ und möglicherweise ›ökologischer Weltkrieg‹: denn wenn sich der industrialisierte Norden und der umweltträchtige Süden aufs gegenseitige Erpressen verlegen und auf der einen Seite Geld, Technologie und Rüstung, auf der anderen aber Kinder- und Umweltreichtum in die Waagschale werfen und gegeneinander ausspielen, könnte die zerbrechliche Öko-Bilanz der Erde endgültig zusammenbrechen. Das »wir holzen ab und wandern aus, solange wir uns nicht anders ernähren können« des Südens hätte dabei noch mehr moralische Berechtigung als das »wir exportieren unseren Müll, wohin wir wollen und holen unser Erdöl, woher wir wollen – wenn Geld nicht genügt, haben wir auch Militär« des Nordens. Nur – eine Lösung und ein Überleben garantiert keine dieser beiden Positionen. Da hat die Konferenz von Rio de Janeiro höchstens einen Anfang gebracht, nicht mehr.

Zwei Tage sind in Rio der Diskussion über ein internationales Umweltgericht gewidmet. Unter dem Vorsitz des italienischen Kassationsrichters Amedeo Postiglione wird von Juristen aus zehn Ländern der Gedanke diskutiert, bei der UNO ein Umweltgericht einzusetzen, das grenzüberschreitende Streitigkeiten und Verletzungen in Sachen Umwelt schlichten, richten und ahnden soll. Etwa so wie der Menschenrechtsgerichtshof in Straßburg auf Initiative von Bürgern auch Staaten unrecht geben kann... Die Idee fällt auf fruchtbaren Boden, entsprechende Komitees gibt es schon in mehreren Ländern, aber die Staaten wollen von so viel Souveränitätsabtretung nichts wissen.

Es ist kein Zufall, daß keine einzige Regierung – nicht einmal Malta, trotz aussichtsreicher Zusagen – diesen Punkt in Rio auf die Tagesordnung gesetzt hat. Also wird man sich noch länger gedulden müssen, bis weitere Katastrophen (defekte Erdöltanker, Atomunfälle, Ausrottung von Tier- und Pflanzenarten...) oder Streitigkeiten (beispielsweise um Internationale Wasser- oder Fischereirechte oder Bodenschätze) diese Notwendigkeit unabdingbar aufs Tapet bringen. Auch die dazugehörige internationale Umweltagentur, als Ansatz für eine weltweite Autorität in Sachen

Umwelt, liegt noch in ferner Zukunft, obwohl beispielsweise das Europäische Parlament beides bereits in einer Resolution befürwortet hat.

Die Artenvielfalt, die vielzitierte Biodiversität, hat sich als Stolperstein der Konferenz von Rio erwiesen. Präsident Bush hatte trotz gegenteiligen Ratschlags seines Verhandlungsführers William Reilly (Chef der angesehenen US-Umweltagentur) die Weigerung der Vereinigten Staaten angekündigt, diese Konvention zu unterzeichnen, und war trotz aller Versuche der Engländer, Deutschen, Kanadier, Japaner und EG-Mission bei seiner Ablehnung geblieben.

Mit anderen Worten: die US-Industrien wollen nicht nur weiterhin die Möglichkeit des freien Zuganges zu den genetischen Schätzen der Natur (tierische und pflanzliche Artenvielfalt garantiert die schier unerschöpflichen Kombinationen lebendiger Materie auch im Labor), die sie dann in ihre Samenbanken und Bio-Patente verwandeln, sondern lehnen es sogar ab, dafür jene minimalen (und im Ausmaß noch gar nicht festgesetzten) Tantiemen an jene Länder zu zahlen, die als Hüter der Biodiversität eine weltweite Verantwortung übernehmen. Die Biotechnologie zeichnet sich als die Industrie der Zukunft ab (sie wird einen ähnlichen Schub verursachen, wie das im letzten Jahrzehnt die Elektronik tat), die USA haben heute einen Umsatz von 2 Milliarden Dollar, der in wenigen Jahren auf 50 Mrd. wachsen wird, und denken nicht im mindesten daran, die eigentlichen Eigentümer – wie etwa die Erdöl-Scheichs im Falle des Mineralöls – irgendwie daran mitzubeteiligen. Im Gegenteil – Leben und lebendige Materie sollen künftig patentiert werden, so daß nicht mehr der Urwald, sondern das Labor die Schatzkammer der Biologie ist und den armen Ländern ein weiterer Reichtum abgeknöpft sein wird.

Ganz anders ging es auf der Basis-Ebene zu. Die vielen Nichtregierungs-Organisationen (NROs), die sich nach vier weltweiten Vorbereitungstreffen in Rio ebenfalls zwei Wochen lang im Flamengo-Park und im Konferenzzentrum des Hotels Gloria versammelten und mit größtem Ernst die Vernetzung der Umwelt- und Bürgerbewegungen betrieben, hatten beschlossen, ebenfalls

Konventionen zu erarbeiten und der internationalen Umwelt- und Dritte-Welt-Szene zur Diskussion und zur Unterschrift vorzulegen. Rund 30 solche Verträge wurden ausgehandelt und paraphiert: vom Schutz einheimischer Pflanzen und landwirtschaftlicher Anbaumethoden bis zum sparsamen Umgang mit Rohstoffen, von der Beschränkung der Motorisierung und Verbauung in der nördlichen Welt bis zu umwelt- und sozialverträglichem Fischfang. Dabei ging es nicht weniger seriös und umfassend zu als bei der Regierungskonferenz. Und überall mühte man sich, ausgehend von den Anliegen der Dritten Welt, um einen für die Menschen im Norden und Süden und für die Natur zumutbaren Ausgleich. Wenn beispielsweise der berühmte französische Ozeanograph Jacques Cousteau drastische Maßnahmen zur Senkung der Geburtenrate gefordert hatte, setzte sich schließlich doch der von der Inderin Vandana Shiva vertretene Standpunkt durch, daß eine neue ›Auslesephilosophie‹, die der Norden fordert, so lange nicht akzeptabel sei, als die Umwelt- und Konsumbelastung durch Menschen in den industrialisierten und in den nicht-industrialisierten Ländern so radikal auseinanderklaffen.

»Fünfhundert Jahre Entrechtung müßten uns wohl das Recht geben, mindestens fünf Minuten vor der Uno-Konferenz sprechen zu können«, meinte Marcos Terrena, Koordinator der brasilianischen Eingeborenenstämme, die zahlreich nach Rio gekommen waren, um im 500-Jahre-Jubiläum ihre Rechte geltend zu machen. Doch obwohl man ihnen einige Kilometer außerhalb von Riocentro ein provisorisches Zelt- und Barackendorf zugewiesen und Räumlichkeiten für Tagungen zur Verfügung gestellt hatte und UNCED-Sekretär Maurice Strong eine Friedenspfeife mit ihnen geraucht hatte, blieb dieser Wunsch gänzlich unerfüllt. Nur die Nichtregierungs-Organisationen hatten echtes, nicht bloß folkloristisches Interesse für die Eingeborenen gezeigt, die zum ersten Mal weltweite tragfähige Kontakte untereinander angebahnt haben.

Hatte die UNO vielleicht gedacht, für 1993 bloß symbolisch ein ›Jahr der eingeborenen Völker‹ auszurufen, ist sie nun mit zahlreichen Forderungen konfrontiert, die von der Rückgabe ihrer

Ländereien und heiligen Schriften und Gegenstände bis zum Verlangen nach Anerkennung ihrer Sprachen, Kulturen, Weisheit, Heilkunst, Erziehung und Religionen reichen.

Von Tag zu Tag war ihre Anwesenheit in Rio unübersehbarer und der Widerspruch, den sie in dieses Großereignis brachten, unleugbarer: die einzigen Völker, die noch pfleglich mit der Natur umzugehen wissen, waren aus diesem Weltgipfel drastisch ausgesperrt.

Welch ein Glück für die UNO und die Weltpresse, daß gerade kurz vor Abschluß der Rio-Konferenz ein Indio-Skandal ruchbar wurde: Kayapï-Häuptling Paulinho hatte ein weißes Mädchen auf üble Weise vergewaltigt und anscheinend auch gefoltert – so war die Welt wieder in Ordnung: auch Eingeborene sind keine besseren Menschen, und letztlich gibt's eben doch keine Alternativen zur Zivilisation!

Da muß man sich ein vergleichsweise kleines, aber konkretes Ergebnis der großen UNCED-Konferenz loben. Die ›Campagna Nord-Sud‹ Italiens konnte nach zweijährigem Verhandeln den großen halbstaatlichen ENI-Konzern überzeugen, rund 200 Quadratkilometer großteils noch nicht gerodeten Urwaldes im Mato-Grosso-Gebiet (der eigentlich für Viehzucht angekauft worden war), an das kriegerische Volk der Xavantes-Indianer zurückzugeben, die vor 20 Jahren von dort vertrieben worden waren, um der Fazenda Suia Missó der Agip-Petroli Platz zu machen.

Zwar sind die Xavantes mittlerweile durch Krankheiten und Irrwege dezimiert und geschwächt, doch warten nun rund 1200 von ihnen an der Grenze zur bisherigen Fazenda, trotz der Drohungen der UDR-Großgrundbesitzer-Partei in aller Legalität in ihr Land zurückzukehren. Wenigstens ein kleines Stück Wiedergutmachung hat in Rio begonnen.

»Regiert Geld die (Um)welt?« Thesen für eine Podiumsdiskussion

1. Die Universalisierung der Marktwirtschaft und die Beschleunigung ihrer extensiven und intensiven Machtergreifung stellt die größte Umwelt- und Überlebensbedrohung unserer Zeit dar. Dies auch, wenn man sich nur auf ihre ›Normalität‹ und nicht auf ihre immerhin möglichen und sogar zunehmend wahrscheinlicheren und häufigeren zivilen und/oder militärischen ›GAU's‹ bezieht.

2. Dem Siegeszug der Marktmechanismen – d.h. der sich universalisierenden Käuflichkeit und Verkäuflichkeit sämtlicher Güter, Leistungen und selbst Überzeugungen – ist nicht auf simple oder gar ideologische Art und Weise beizukommen. Kombiniertes Vorgehen auf vielen Ebenen und hartnäckiges Verbessern dieses Vorgehens durch ›trials and errors‹ ist erforderlich.

3. Folgende Handlungsebenen sind vorrangig und interdependent anzugehen:

a) Umwelt soweit als möglich dem Markt entziehen

b) Umwelt, soweit sie ›auf den Markt kommt‹, durch Garantien weitmöglichst absichern

c) Umweltpolitik auch über marktregulierende Maßnahmen gestalten

d) Umwelt, soweit sie ›auf den Markt kommt‹, durch Ausgleichsmechanismen zumindest gerechter verteilen und besser schützen

4. ad a) Umwelt soweit als möglich dem Markt entziehen:

Gefordert sind, u.a., neue Grundsätze, die auf der Ebene des Verfassungsrechtes ebenso stark zu verankern sind, wie bestimmte demokratische oder bürgerrechtliche Prinzipien, so beispielsweise besondere Garantien für die Unberührbarkeit ›wilder‹

Natur, Bindungen für Eingriffe, deren Wirkungen sich auf mehrere Generationen erstrecken (warum gibt es Zweidrittelmehrheiten für konstitutionell sensible Bereiche, während man im Umweltbereich ziemlich schonungslos vorgehen kann?), verbindliche Schonungsauflagen bei sog. Entnahme von Ressourcen, usw. Die Wiedereinführung und rechtliche Absicherung der Natur als ›res communis omnium‹ bzw. als Allmende muß – ähnlich der Unantastbarkeit der Menschenwürde oder dem Grundsatz der Volkssouveränität – an die Spitze unserer staatlichen und überstaatlichen Rechtsordnungen rücken.

Die Erstellung von Öko-Bilanzen muß auch für die Haushaltspolitik sämtlicher öffentlicher Körperschaften verpflichtend (und wichtiger als die Erstellung von Finanzhaushalten) werden, um eine öffentliche Einschätzung über den Zustand der Natur und die einigermaßen zeitgerechte Ergreifung von Korrektur- und Sanierungsmaßnahmen zu gestatten; das Ozonloch ist weit gravierender als das Loch in den Staatshaushalten.

5. ad b) Umwelt, soweit sie ›auf den Markt kommt‹, durch Garantien weitmöglichst absichern:

Verankerung umfassender Umweltverträglichkeitsprüfung (die eigentlich auch die Prüfung sozialer und kultureller Verträglichkeit von Maßnahmen, Vorhaben und Politiken einbeziehen muß). Stärkung demokratischer (nicht/wenig vom Markt käuflicher) Einspruchsmechanismen. Garantien für möglichst große Unabhängigkeit und demokratische Teilhabe an Umweltverträglichkeitsprüfung. Einbau überstaatlicher Garantien (Umweltagentur, Umweltgerichtshof...). Verankerung von Gremien, die nicht vom Wählerkonsens abhängig sind, als Gegengewicht zur Manipulierbarkeit und Kurzfristigkeit des demokratischen Konsenses. Verankerung des Kreislaufprinzips auf der untersten möglichen Ebene. »Wiederherstellen kommt vor Entschädigung« (wenn das mit der Vermögensrückgabe in Osteuropa für richtig befunden wurde, muß es um so dringender in Umweltfragen geschehen).

6. ad c) Umweltpolitik auch über marktregulierende Maßnahmen gestalten:

Der Markt läßt sich nur begrenzt durch politische Maßnahmen eindämmen, also müssen auch marktregulierende Werkzeuge eingesetzt werden (in Zukunft wird auf diesen Aspekt besonders viel ankommen, wenn der Rahmen allerdings so klar abgesteckt ist, daß Umwelt nicht nur als ›knappes Wirtschaftsgut‹ entsprechend teurer, aber immer noch marktkonform gehandelt wird). Insbesondere: Umweltbesteuerung (Verursacherprinzip, Internalisierung der Kosten...), steuerpolitische Förderung umweltfreundlicher Verhaltensformen und Investitionen, Einsetzung von Tarif- und Zollpolitik zur Förderung bzw. Pönalisierung positiver und negativer umweltrelevanter Vorgänge. Entsprechende Maßnahmen auf der Makro- und Mikro-Ebene (beispielsweise: Revision der Kriterien, nach denen FMI, BERD und Weltbank Förderungen vergeben, Kreditwürdigkeit beurteilen, usw.).

7. ad d) Umwelt, soweit sie ›auf den Markt kommt‹, durch Ausgleichsmechanismen zumindest gerechter verteilen und besser schützen:

Umweltschutz darf kein Luxus für diejenigen bleiben, die sich international die größten Vorteile (Nord/Süd, West/Ost) gesichert haben und nun den anderen nicht bloß die ökologischen, sozialen und finanziellen Kosten dafür aufdiktieren, sondern den Schwächeren auch noch die Umweltnormen und -Technologien verordnen wollen. Also auch internationaler finanzieller und handelspolitischer Ausgleich (Transfer, Kompensation...) für jene, die Umweltschätze hüten oder besonders große Schäden gutzumachen haben.

8. In diesem Sinne ist politische und rechtliche Stärkung und finanzielle Absicherung der Priorität für globalen Umweltschutz auf verschiedenen Ebenen erforderlich. Das impliziert u.a.: Verstärkung der Kompetenzen und Handlungsmöglichkeiten auf supranationaler Ebene (UNO, Umweltsicherheitsrat?, Umweltagentur?, Umweltgerichtshof?), entsprechende Wandlung des

Völkerrechts und der Rechtsgrundsätze, und gleichzeitig Stärkung der lokalen Gemeinschaften mit mehr Umweltverantwortung, samt Einspruchsmöglichkeiten der Betroffenen auch über den Rahmen einer einzelnen Rechtsordnung hinaus. Die klassischen Begriffe der nationalen Souveränität und Nichteinmischung (die der Markt sowieso nicht respektiert), müssen diesbezüglich überwunden werden.

9. Kombiniertes lokales und globales Vorgehen sind also gefragt, politische, wirtschaftliche, administrative und wissenschaftliche Handlungskompetenz und – vor allem – die Herausbildung entsprechenden Bewußtseins und Wollens unter den Bürger(inne)n. Ob im ungleichen Wettlauf eine Erfolgschance besteht, läßt sich schwer beurteilen – das kann aber nicht davon dispensieren, alles nur Mögliche zu versuchen.

Die EG und die Berglandwirtschaft – Einsicht in letzter Minute?

Wie Sie wissen, bin ich kein besonders guter Kenner der Landwirtschaft, der bäuerlichen Welt und auch nicht der Agrarpolitik der EG. Man möge mir deshalb Ungenauigkeiten und Vergröberungen nachsehen – ich habe mich bemüht, an der Vorbereitung dieser Tagung so gut als möglich mitzuwirken und freue mich, hier einige Überlegungen einbringen zu dürfen, die im Laufe der Jahre aus der Auseinandersetzung mit der Situation in Südtirol und nun aus der Erfahrung in der Europäischen Gemeinschaft entstanden sind.

Berglandwirtschaft – schade um die letzten Mohikaner?

Berglandwirtschaft wird heute in der EG-europäischen (und nordamerikanischen) Landwirtschaft nur noch als Randerscheinung gesehen: wirtschaftlich unerheblich; sozial von geringer Bedeutung, weil es sich ja um dünn besiedelte Gebiete handelt; ökologisch vielleicht interessant, aber möglicherweise durch Landschaftsgärtnerei ersetzbar, die am grünen Tisch geplant und von angestellten Fachleuten – später wohl von spezialisierten Pflegefirmen, unter Kontrolle der zuständigen Verwaltungsämter – gegen Entlohnung durchgeführt wird. Insgesamt eines der nicht mehr recht zahlreichen Überbleibsel früherer Zeiten und Sozialstrukturen, die nun durch die beschleunigte Verschmelzung zu einem großen Binnen- und Weltmarkt und den daraus entstehenden Rationalisierungs- und Modernisierungszwang keine Zukunft mehr haben. Den Bergbauern und -bäuerinnen mag es dabei wie anderen Arten von noch nicht ausgerotteten ›Eingeborenen‹ gehen: sie sind höchstens noch als Folklore zu gebrauchen, lebensfähig ist ihre Welt kaum mehr, wettbewerbsfähig – und darauf kommt es an – schon gar nicht! Denn wie sollen Bergbauern, die unter äußerst schwierigen Bedingungen in karger Natur unvergleichlich weniger zu unvergleichlich höheren Kosten mit unvergleichlich größerer Mühe erzeugen, der Konkurrenz mit der rationalisierten agro-chemischen Industrie der Großbetriebe standhalten, die zunehmend die sogenannte Landwirtschaft dominieren? Also werden sie eben aussterben – wie die Segelschiffe, die Dorfschneider und die Landärzte, und man wird ihnen höchstens eine nostalgische Träne nachweinen. Vielleicht wird man an sie denken, wenn Jahre oder Jahrzehnte nach dem Abrutsch ihrer Existenzen auch der Berg abzurutschen beginnt, weil dort niemand mehr lebt und wirtschaftet. Aber dann wird es zu spät sein – ebenso wie es mittlerweile in vielen Ländern zu spät ist, das unwiederbringliche Wissen und Wirtschaften vieler indigener Hüter der Regenwälder festzuhalten oder gar wiederzubeleben.

Das kann den großen Managern und Wirtschaftsstrategen im Grunde gleichgültig sein, weil es für sie quantitativ – und nur so vermögen sie zu kalkulieren – nicht ins Gewicht fällt. Nicht so den Menschen, die in Berggebieten leben (in den Alpen, in den Pyrenäen, im Apennin, im Balkan...) und dort weiterhin mit guter Lebensqualität heimisch bleiben möchten, und erst recht nicht den Frauen und Männern – vor allem den jungen Menschen – die selber Bergbauern sind. Man braucht sich nur die tristen entvölkerten oder völlig ›zweckentfremdeten‹ Berggebiete Europas – auch in unserer unmittelbaren Nachbarschaft – anzusehen und die aufkommenden ökologischen Bedrohungen eines umfassenden Erosions- und Verödungsprozesses zu untersuchen, und man wird schnell merken, daß es – ähnlich wie bei den Stämmen der Ureinwohner im Amazonas- oder im Sarawak-Gebiet – nicht nur um ein paar Tausend ›letzte Mohikaner‹ geht, sondern ein viel größeres und gefährlicheres Abrutschen und Veröden auf uns alle zukommt, wenn die erfahrenen und fähigen Hüter der Umwelt (der Berge, der Wälder, der Weiden, der Äcker, der Gewässer...) aufgeben, weil sie zur Resignation getrieben werden.

Insofern ist also die Lebens- und Überlebensfähigkeit der Bergbauern und ihrer Landwirtschaft nicht nur ein Anliegen der unmittelbar betroffenen Bauern, sondern eine Frage des Überlebens und der Lebensqualität in Berggebieten überhaupt.

Südtirol – Sonderfall, Musterbeispiel oder was sonst?

Vieles von dem, was eine sinnvolle Agrarpolitik als erstrebenswerte Zukunft anpreist, erscheint – zumindest auf den ersten Blick – in Südtirol als möglich oder gar verwirklicht. Ökologisch verträgliche Erzeugung hochwertiger Lebensmittel für die Bewohner der Region, bäuerliche Lebensqualität und Umweltpflege sind in unserem gebirgigen Land in höherem Maße vorzufinden als in den meisten anderen Gebieten innerhalb und außerhalb der Europäischen Gemeinschaft. Sind wir als Pioniere schon dort, wo andere erst hinkommen möchten, oder zehren wir noch von einem Erbe bäuerlicher Weisheit und mindestens jahrhundertealten Wirkens von Generationen? Wahrscheinlich ist eher das zweite der Fall. Das sind zwar keine Lorbeeren, auf denen man einfach ausruhen kann, gibt aber vergleichsweise die besseren Chancen für die Zukunft.

Tatsache ist, daß das Bauernsterben in Südtirol nicht dasselbe Ausmaß wie in den meisten anderen Regionen angenommen hat, die Anzahl der Höfe (nicht der Beschäftigten in der Landwirtschaft) kaum geschrumpft ist, bäuerliches Leben, bäuerliche Wirtschaft, bäuerliche Kultur nicht ausgestorben oder zur Larve verkümmert sind. Der Rückgang des Anteils landwirtschaftlicher Erwerbstätiger ist langsamer und somit sanfter vor sich gegangen. Das Sozialprestige der Bauern – ihr umfassendes Ansehen in der Gesellschaft – und ihre wirtschaftliche Lage sind im allgemeinen besser als die vieler anderer Bauern in Europa, ihre Motivation und Zuversicht erscheinen immer noch beachtlich, was ja insbesondere aus dem Verhalten und den Erwartungen der jungen bäuerlichen Generation abzulesen ist. Insgesamt kann man sagen, daß bäuerliche Wirtschaft in Südtirol trotz großer Schwierigkeiten in vieler Hinsicht vital ist. Auch das wachsende Streben nach Umstellung auf eine mehr ökologisch geprägte Landwirtschaft kann bei uns nicht einfach auf eine kulturelle Mode oder aufklärerische Einsicht aus der Stadt zurückgeführt werden, sondern hat echte Wurzeln im Lande.

Was hierbei von grundlegender Wichtigkeit ist: die Entfremdung zwischen Stadt und Land ist in Südtirol nicht so radikal fortgeschritten wie anderswo, man kennt sich noch, es gibt gegenseitige Beziehungen und Austausch, noch stehen sich – trotz zunehmenden Auseinanderlebens in den letzten 30–40 Jahren – nicht zwei völlig unterschiedliche und ferne Welten gegenüber.

Selbst die Berglandwirtschaft, die eigentlich schon durch die Mansholtsche EG-Agrarpolitik der 60er Jahre schlicht als unrentabel stillgelegt hätte werden sollen, hat sich einigermaßen gehalten – in einem Land, wo 90% der Höfe mehr als 500 m über dem Meeresspiegel und über die Hälfte höher als 1000 m liegen, ist das ein wichtiger Teil bäuerlicher Lebenswelt: gewiß der schwächste und der am meisten gefährdete, der heute die höchste Aufmerksamkeit verdient. Jenen Österreichern, Schweizern oder gar Norwegern, die wenig Lust auf einen EG-Beitritt haben, weil sie u.a. um die Zukunft ihrer noch verbliebenen Berglandwirtschaft bangen, wird das Beispiel Südtirol sozusagen als Faustpfand dafür vorgezeigt, daß Bergbauern auch in der EG überleben können.

Warum konnte sich Südtirols Berglandwirtschaft in diesem Ausmaß halten, warum haben sich Südtirols Bergbauern und -bäuerinnen als zäher und widrigkeitserprobter erwiesen als beispielsweise ihre Kollegen aus dem Piemont, aus weiten Teilen Österreichs und Süddeutschlands, aus Friaul, aus Slowenien und Savoyen?

Die Beantwortung dieser Frage würde eingehende Untersuchungen verdienen – ich muß mich hier auf kurze Hinweise beschränken. Beigetragen haben wohl vor allem:

– eine hohe regionale Eigenständigkeit, die aus der besonderen politischen Situation und einer gewissen Abgeschnittenheit Südtirols erklärbar ist: als Zusammenhalt im Abwehrkampf gegen staatlich betriebene Assimilierungspolitik, später dann als Übernahme von Selbstverwaltung und eigener Gestaltungsmöglichkeiten in der Autonomie, jedenfalls aber als Widerstand gegen fremdbestimmte Entwicklung und Modernisierung, die man als bedrohlich empfand;

– eine große Rolle spielte dabei gewiß die kulturelle – bei uns vor allem ethnische – Motivation: die Bauern (und besonders die Bergbauern) als Rückgrat des Volkes, der Volksgruppe, der Heimat, einer Lebenswelt... sozusagen als Hüter einer Ordnung, die sich – wenn schon – erst als letzte aufgeben und überantworten würden; dies beweist unter anderem, daß Geld und Wirtschaft eben doch nicht alle menschlichen und gesellschaftlichen Ereignisse zu regieren vermag;

– die relativ gute lokale Integration zwischen verschiedenen Bereichen der Wirtschaft, die bei uns ja Tradition hat, konnte manche extreme Auswirkung der Krise der europäischen Landwirtschaft ausgleichen und auffangen (Fremdenverkehr, Handwerk…) – sicher hat auch das langjährige Fehlen von alternativen Arbeitsplätzen in Industrie und Verwaltung mit dazu beigetragen, Südtirols Bergbauern vom Wechseln in andere Erwerbstätigkeiten abzuhalten (wenn schon gab's da nur die Auswanderung).

Vielleicht war also eine gewisse (teils von außen aufgezwungene, teils bei uns tief verwurzelte) ›Rückständigkeit‹ letztlich der wesentliche Grund dafür, daß die Bergbauern bei uns in höherem Maße überlebten als anderswo. Wer weiß, ob nicht viel mehr Höfe aufgelassen worden wären, wenn statt der vom Faschismus herbeigerufenen italienischen Industriearbeiter oder Eisenbahner einheimische Bauernsöhne deren Arbeit getan hätten oder wenn anfangs der 70er Jahre beispielsweise die ›Continental‹ in Brixen gebaut worden wäre?

Südtirols Bauern, insbesondere Bergbauern, haben sich in diesem Jahrhundert durch etliche Jahrzehnte im wesentlichen selber gerettet: ihr Abwehrkampf zur Erhaltung ihrer Welt war äußerst zäh und erfolgreich, nur angesichts der von den Nazis und Faschisten verordneten Option gab es einen plötzlichen und tragischen Einbruch, der um ein Haar die Entvölkerung unserer Berggebiete zur Folge gehabt hätte. Später, in der Zeit nach dem Zweiten Weltkrieg, war es gewiß die Südtiroler Volkspartei – eine rein regionale Partei mit weitgehend bäuerlichen Wurzeln und bis in die 70er Jahre herauf stark bäuerlichem Einschlag –, die die Chancen der neuen, wenn auch recht unvollkommenen Autonomie zu nutzen wußte, um der bäuerlichen Wirtschaft und Lebensfähigkeit wieder auf die Beine zu helfen (gesetzliche Wiedereinführung des geschlossenen Hofes, Beginn der Subventionspolitik, Straßen, Schulen, sonstige Erschließung, Aus- und Fortbildung,

Dorf- und Höfesanierung...). Noch später waren es dann die Fleischtöpfe des deutschen und europäischen Wirtschaftswunders (bei uns durch den Fremdenverkehr zugänglich) und dann der neuen Paket-Autonomie, die eine gewisse Integration der Landwirtschaft und anderer Wirtschaftszweige förderten und dadurch gewiß beitrugen, die Fortexistenz vieler Bauern und Bergbauern zu sichern. Selbst der »listenreiche Umgang mit der EG«, wie ich ihn einmal vor Jahren im Südtiroler Landtag analysierte, hat dazu beigetragen: die starke lokale Eigenständigkeit in der Umsetzung der EG-Agrarpolitik erlaubte da so manche Korrektur, die den in Brüssel proklamierten Zielen geradezu zuwiderlief, sich aber in der Realität durchsetzte.

Zum Glück.

Südtirols Berglandwirtschaft konnte sich sozusagen in einer politisch, kulturell und vor allem von den Betroffenen selbst geschaffenen existentiell abgeschirmten Nische erhalten – die großen Opfer und Anstrengungen wurden wenigstens teilweise durch soziale Anerkennung abgegolten.

Die sogenannte Reform der EG-Agrarpolitik: Einsicht in letzter Minute?

Heute stehen wir an einer Schwelle – teils wurde sie auch schon überschritten –, wo sich das sehr nachhaltig ändern könnte. Der wachsende Druck der immer engeren Integration des EG-europäischen Binnenmarktes und seine Verflechtung in den Weltmarkt (worauf vor allem die Nordamerikaner drängen; die EG darf ihre Landwirtschaft nicht mehr gegen Konkurrenz aus Übersee abschirmen) ist für die Bauern in Europa so tödlich geworden, daß selbst die EG-Kommission die Notwendigkeit einer Reform verkündet hat. Dabei war es gerade die bisherige EG-Politik, die durch Preisgestaltung, Subventionspolitik, Exportförderung, Rationalisierungsdruck und systematische Überschußproduktion den Bauern das beinharte Gesetz des ›wachse oder weiche!‹ erfolgreich aufgezwungen hatte.

Die europäische Landwirtschaft steht nun vor ihrer vielleicht endgültigen Kippung durch die Industrie, bzw. Verwandlung in einen Teil der agrochemischen und Nahrungsmittelindustrie, ähnlich jener in Nordamerika. Denn wenn sie jetzt in die möglichst offene und ungeschützte Weltmarktkonkurrenz eintreten soll, und mit den Strangulierpreisen aus Nordamerika und der Dritten Welt konfrontiert wird, kann ihr auch die Reform wenig nützen. Und die Bergbauern werden überhaupt vom Markt verschwinden.

Da wird man vielleicht sogar noch als Segen betrachten, was doch eigentlich ein Fluch der Berg- und Hügellandschaften ist: daß nämlich nach der Vertreibung der Bauern begüterte Städter kommen und Höfe, Ställe, Scheunen, Kapellen, Grund und Boden für ihre Freizeit, ihren Lebensabend oder einfach als zweiten oder neuen Wohnsitz aufkaufen. Wenigstens wird das Leben nicht völlig aus diesen Landstrichen verschwinden.

Worin besteht die Reform der EG-Agrarpolitik, die nun schrittweise durchgeführt werden soll (was auch großteils von den Mitgliedstaaten und deren Finanzen abhängen wird)? Gibt's da wirklich irgendwo so etwas wie eine Einsicht in letzter Minute, seit EG-Präsident Delors ›schon‹ 1990 laut darüber nachdachte, daß Landwirtschaft ohne Bauern unvorstellbar wäre? Darin müßte sich eigentlich eine gehörige Portion Selbstkritik verbergen, wenn man denkt, daß die EG-Landwirtschaftspolitik seit den 60er Jahren das größte Bauernsterben der europäischen Geschichte beschlossen, organisiert und verwaltet hat! Diese späte und höchst partielle Einsicht und die 1992 begonnene EG-Agrarreform bleiben aber meilenweit hinter den Bedürfnissen und Anliegen der Bauern, insbesondere der Bergbauern zurück.

Zwar sehen sich die Kernstücke der Reform auf den ersten Blick nicht alle schlecht an: Überschußproduktion soll eingeschränkt und die Mengen verringert werden, Exportsubventionen müssen gestrichen und die Preise weiter gesenkt werden, geförderte Flächenstillegung soll nicht nur zur Produktionsverminderung beitragen, sondern auch die ökologische Regeneration des Bodens ermöglichen; sogenannte flankierende Maßnahmen sollen schließlich ökologische und soziale Ausgleichszahlungen für die besonderen Leistungen der Bauern und insbesondere

Bergbauern vorsehen, um ihre Leistung für Gesellschaft und Umwelt, die über die landwirtschaftlichen Preise völlig unterbezahlt bleibt, einigermaßen zu entgelten.

Auf den ersten Blick sehen einige dieser Maßnahmen, wie gesagt, eher vernünftig aus – fast könnte man ihnen ein grünes Mäntelchen zuerkennen; wer sollte schon gegen Abbau der Überschüsse und Entlastung der Ackerböden, gegen Öko-Zulagen und mehr soziale Sicherung der Bauern sein? Aber eben nur auf den ersten Blick. Sieht man näher und genauer hin, stellt sich, insbesondere für die Bergbauern, alles ganz anders und gefährlich dar. Denn die Senkung der Produktion kann den Bergbauern gewiß nicht zugemutet werden und die Preisdrückerei könnte für sie tödlich sein. Die (bezahlte) Flächenstillegung wird nur den Großbetrieben zugute kommen, die genügend Grund haben oder pachten können, um die entsprechenden Subventionen massenhaft zu kassieren – und vielleicht dann auch noch sogenannte ›agrarische Rohstoffe‹ (etwa Zuckerrüben für Treibstoff statt Lebensmittel) mit viel Chemie dort zu erzeugen! Der Rationalisierungszwang und die Verdrängung der Kleinbetriebe wird also mitnichten gemindert, sondern im Gegenteil noch verschärft (die Exportkonkurrenz tut da ein übriges). Und selbst das angeblich soziale und ökologische Herzstück der Reform, nämlich die Entlohnung der Bauern als Umweltpfleger und als sozial benachteiligte Arbeitskräfte, wird ein Schuß nach hinten, denn dadurch werden die Bauern noch mehr zu Almosenempfängern, deren selbständige Erwerbsarbeit nahezu völlig entwertet wird, was sie zu abhängigen und bürokratisch kontrollierten und verwalteten Sozialfällen macht. Die Entkoppelung des tatsächlichen Wertes ihrer Arbeit und ihrer Erzeugnisse vom Marktpreis, der dafür gezahlt wird, hat keine langdauernde Zukunft – daraus werden im Verlauf einer Generation wirklich nur noch Angestellte von Landschaftspflegefirmen, die morgen oder übermorgen austauschbar sind, während in Wirklichkeit Bergbauern von niemandem ersetzbar sind, wie die Geschichte beweist.

Woher sonst kann das Umdenken kommen?

Die Bauern, die in den letzten Monaten in vielen Ländern der EG auf die Straße gegangen sind und sich von dieser Reform mitnichten überzeugen haben lassen, bringen einen klaren Standpunkt zum Ausdruck. Sie wollen gerechte Entlohnung und wehren sich gegen die Ausrottung der Kleinbauern, sie wollen nicht Frührentner oder Sozialfälle werden, sondern fordern ihre Würde und soziale Anerkennung. Im Grunde kann man die Bauernproteste in einen Satz fassen, der für die Bergbauern ganz besonders gilt: gegen die noch weitere Entwertung der Bauern und ihrer Arbeit, für die gerechte Anerkennung und Entlohnung ihrer unersetzbaren Leistung.

Die erhoffte Einsicht in letzter Minute, die wir uns nicht von den EG-Behörden erwarten können (sosehr sich natürlich die Grünen – oft alleingelassen! – im Europäischen Parlament dafür einsetzen), kann also – wenn schon – nur von anderer Seite kommen: von den Bauern selber, und von all denen, die eng mit ihnen zu tun haben, mit ihnen solidarisch sind und übrigens auch sehr unmittelbar vom Überleben und Weiterwirken der Bergbauern abhängen. Da würde ich in erster Linie an die Ökologie-Bewegung denken: an alle jene Menschen und Gruppen, deren ökologische Einsicht inzwischen so aufgeklärt und wohlinformiert ist, daß sie wissen, daß mit dem Abrutschen der Bergbauern die Lebensqualität und Wohnlichkeit der Berggebiete überhaupt abrutscht – und die das nicht einfach hinnehmen wollen! Auch die Verbraucher, insbesondere wenn sie organisiert sind, können viel dazu beitragen, daß den wichtigsten Erzeugern gesunder und hochwertiger Lebensmittel nicht der Garaus gemacht wird, sondern sie im Gegenteil in ihrem Überlebenskampf angemessen unterstützt werden. Eine ganz besondere Kategorie von ›Verbrauchern‹, die auch nicht unterschätzt werden sollten, können auch die erholungssuchenden Touristen sein, denen die Qualität der Landschaft am Herzen liegt und die sanften und nachhaltigen Tourismus befürworten; das kann auch für einen nicht unerheblichen Teil der Hotellerie in Berggebieten gelten. Überhaupt sollte die lokale, regionale Wirtschaft (Handwerk, industrielle Kleinbetriebe...) als Verbündete nicht außer acht gelassen werden. Und schließlich die vielleicht wichtigsten Bündnispartner: die lokalen, regionalen Regierungen, Parlamente, Behörden, die eigentlich die Hüter der lokalen Eigenständigkeit sein müßten.

Bei uns in Südtirol wird es ganz besonders darum gehen, alle diese Bündnispartner so anzusprechen und zum Offenbarungseid zu bringen, daß es nicht bei den üblichen Lippenbekenntnissen zum Bergbauerntum bleibt, mit denen wenig getan wäre. Denn es ist natürlich einsichtig, daß das geringe zahlenmäßige und finanzielle Gewicht der Bergbauern (als Wähler, als Wirtschaftstreibende...) nur durch Bündnisse ausgeglichen werden kann – sonst ist's um die Bergbauern geschehen.

In welche Richtung könnte die Einsicht führen?

Sicher werden von dieser Tagung wichtige Impulse kommen, die uns allen helfen können, die Richtung auszumachen, in die zu gehen ist, wenn die Bergbauern nicht abrutschen sollen. Was ich hier – auch auf der Grundlage von Erkenntnissen und Initiativen der grünen Fraktion des Europaparlaments und von Vorschlägen und Kritiken Südtiroler Bauern – andeuten möchte, ist also nichts mehr als der eine oder andere Anhaltspunkt:

a) Stärkung und gute Integration der regionalen Wirtschaftsstruktur und eines guten regionalen Marktes: Förderung und Schutz der Qualität lokaler Produktion; Integration der Berglandwirtschaft mit anderen Wirtschaftszweigen (Fremdenverkehr usw.), ohne aber von ihnen völlig abhängig zu werden; Nebenerwerb und Zuerwerb, Erschließung neuer Erwerbsquellen für Bergbauern

b) gerechtere Preise, unmittelbarer Zugang zum Markt, Hilfe bei Vermarktung: Bauernmärkte, Qualitätsmarke, Beratung, usw.

c) Entschädigung und Ausgleich für die unverhältnismäßig größeren Erschwernisse und Mühen der Berglandwirtschaft: Prämien für Erschwernis, Erhaltung von Artenvielfalt, Landschaftspflege; Steuererleichterungen oder überhaupt Befreiung, gerechtere Förderpolitik (Südtirol zahlt heute nur rund 63% der

Fördermittel an die Bergbauern, 37% an Obst- und Weinbau: da stimmt das Verhältnis nicht!)…

d) Abbau unzumutbarer Belastungen für Bergbauern: drastische Vereinfachung von Bürokratie, Buchführung, Kontrollen, Auflagen, Antragswesen; Entschuldungsinitiativen; rechtzeitige Auszahlung von Subventionen.

e) kritische und bergbauernfreundliche Anpassung von staatlichen und EG-Maßnahmen bei ihrer Umsetzung in Südtirol: das gehört zu den eigentlichen Bewährungsproben unserer Autonomie.

Jenseits von und gewissermaßen vor allen Einzelmaßnahmen kommt es heute aber sehr wesentlich darauf an, zwei günstige Umstände zu nutzen, die sozusagen der Zeitgeist – im besten Sinne – den Bergbauern und der Berglandwirtschaft als Chance zur Verfügung stellt.

Da ist in erster Linie an den Ruf nach ökologischer Umstellung und Sanierung der Landwirtschaft, bzw. an das neue Umweltbewußtsein zu denken: die Berglandwirtschaft wird in ihrer Bedeutung erkannt und findet wichtige Verbündete. Die Umstellung auf wirklich naturgerechte und schonende Produktion fällt der Berglandwirtschaft vielfach weniger schwer, die Umkehr ist immer dann leichter, wenn man sich noch nicht allzuweit auf den Holzweg begeben hat. In der biologischen Umstellung der Berglandwirtschaft können heute relativ gute Chancen liegen. Natürlich erfordert das aber auch, einen klaren (auch gesetzlichen) Unterschied zwischen wirklich biologischer und ökologisch hochwertiger Produktion einerseits und der billigen Nachahmung andererseits zu machen: unser Landesgesetz, das den ›integrierten Anbau‹ praktisch als Etikettenschwindel dem biologischen Landbau hinzugefügt hat, ist diesbezüglich betrügerisch angelegt!

Das zweite Zeitgeist-Element, das auch nicht zu unterschätzen ist, bezieht sich auf die kulturelle, geistige Wende, die heute das Verhältnis zwischen Stadt und Land, zwischen bäuerlichem Leben und völlig industrie-abhängiger Lebensweise beeinflußt. Nach der Landflucht der letzten 50 Jahre beginnt nun eine

Stadtflucht, nach der systematischen Entwertung, Herabsetzung und oft gar Verspottung der bäuerlichen Arbeit und Lebenswelt, führt heute die ökologische, aber auch geistige Krise nicht selten zu einer Aufwertung dessen, was jahrhundertelang von Städtern geringgeachtet wurde. Dies kann letztlich das Selbstwertgefühl der Bergbauern und ihr Ansehen in der Gesellschaft stärken – was als Ermutigung nicht unwichtig ist und die Motivation vor allem für junge Bergbauern und -bäuerinnen sehr anspornen kann.

Diese Chancen könnten und sollten wir in Südtirol mehr als anderswo nutzen: von daher muß heute das Umdenken von unten einsetzen, da wir's uns nicht von den Spitzen der EG erwarten können. Daran werden wir nicht zuletzt auch die Politik der Südtiroler Landesregierung messen müssen – und unsere eigene Sensibilität.

Ach diese Deutschen, ach diese Grünen!

Ach, diese Deutschen! Ach, diese Grünen! Ach, diese deutschen Grünen…! Aber wie sollte man Europa ohne sie zusammenbasteln?

Würden sie doch nur ihre Talente nicht gar so vergraben und ihr Licht nicht andauernd unter (selbstgefertigte) Scheffel stellen!

Diese Seufzer und dieses Sehnen bedürfen einer näheren Erklärung.

Zuerst eine Erinnerung. Als Südtiroler komme ich aus einem Land, das wahrlich seit Jahrzehnten – genauer: seit der frühen Nazi-Zeit – die Deutschen anhimmelt, trotz kräftiger österreichischer und habsburgischer Wurzeln seit ebenderselben Periode immer wieder aufs ›Deutschtum‹ pocht und in dem sich mindestens seit den späten 50er Jahren viele deutsche Urlauber nach der Devise aufführen »hier bin ich Deutscher, hier darf ich's sein« – wo also auch in Zeiten, als Deutsche im Ausland lieber Sack und Asche vorzeigten, unbefangen-stolz mit Wehrmachtsgeschichten geprahlt werden durfte und man der lokalen (aufs deutsche Volkstum so stolzen) Tageszeitung Leserbriefe schickte, in denen die Südtiroler Grenzlanddeutschen zum Durchhalten aufgefordert wurden.

Das hat mich seit jeher gestört. Antifaschistische Familientradition, Abneigung gegen die zur Schau getragene Überlegenheit (»lassen Sie mich mal ran, das werden wir gleich haben!«) und instinktives Ressentiment gegen die ›Feriengäste‹, die sich unbekümmert befugt glaubten, als selbstverständliche Stammesbrüder in unsere Intimität einzudringen, bildeten eine solide innere Abwehr.

Aber: als Kulturdeutscher aufzuwachsen, ohne sich unbedingt für ein deutsches Reich oder einen deutschen Staat verantwortlich fühlen zu müssen, und sich das Erbe deutscher Sprache und Überlieferung unter (damals) schwierigen Umständen anzueignen und zu bewahren, gab so etwas wie ein geläutertes deutsches Empfinden. Wo Sprache und Kultur nicht mit Staat, Flagge und Armee zu tun hatten und Bremen gleichermaßen nahe und fern, konkret und mythisch war wie Weimar oder Prag oder Königsberg oder der Vierwaldstätter See oder Schilda: das hatte eher mit den Stadtmusikanten oder dem Geheimrat Goethe, mit Mozarts Reise und Kants pünktlichen Spaziergängen, mit dem Schillerschen Apfelschützen Wilhelm Tell und mit den Schildbürgern zu tun, als mit Maas und Memel, Etsch und Elbe. Und da diese kultur-deutsche Beheimatung in einer Zeit stattfand, als Fernsehen und Bildzeitung noch kaum am Horizont zu erkennen waren, konnte man sich auch ohne allzugroße Schwierigkeiten in den Lesebüchern früherer Generationen zurechtfinden – vor 1933, versteht sich.

Auf diesem Hintergrund konnte ich es zwar ganz gut verstehen, daß in den 60er und 70er Jahren die meisten jungen deutschen Linken Südtirol als eine Art braunen Flecken auf der Landkarte empfanden und entsprechend mieden – doch dachte ich damals eben, das hätte bloß mit dem Generationenkonflikt zu tun: wo es ihren Eltern gefiel, die sich vielleicht im ›Völkischen‹ sonnten, konnten sie sich schon deshalb grundsätzlich nicht wohlfühlen. Deshalb nannten sie auch Bozen demonstrativ-hyperkorrekt ›Bolzano‹ und sprachen vom ›Alto Atietsche‹, wenn sie unser Land meinten. Urlaub machten sie lieber in der Toskana oder auf südlicheren Inseln. Uns ging dadurch wertvoller Umgang verloren: wer weiß, welche Anstöße wir von ihnen hätten bekommen können. Und wer weiß, ob sie vielleicht sogar von uns etwas gelernt hätten! Wir waren damals gegen die ›Lederhosenkultur‹ und den völkischen Mißbrauch von Heimat engagiert, hätten aber trotzdem weder auf Heimat noch auf Lederhosen einfach verzichten wollen.

Nicht unähnlich kamen mir später die jungen, linken und nichtnationalistischen Deutschen überhaupt vor. Und seit es die Grünen gibt, haben sie dieses deutlich von der Vergangenheit abgehobene Erscheinungsbild noch um vieles pointiert und gesteigert und verkörpern neudeutsches Demokratentum sozusagen in Reinkultur. So sehr, daß sie nicht wenig dazu beigetragen haben, das häßliche Bild der Deutschen in der Welt zu korrigieren – eine ›nationale Tat‹, die ihnen ihre hämisch-behäbigen Mitbürger bisher noch nie anerkannt und gedankt haben.

Der Härte stellten sie Weichheit gegenüber, Uniformen und Gleichschritt verabscheuten sie, statt Überlegenheit schienen sie eher ein kaum wiedergutzumachendes Schuldbewußtsein zu empfinden. Von Übermenschentum keine Rede – eher suchte man Menschlichkeit und Humanismus bei den Verfolgten, den Einwanderern, den Verachteten. Nicht auf die Jahre ›beim Barras‹ waren sie stolz, sondern auf ihre Zeit bei ›Aktion Sühnezeichen‹ oder im ›Bauorden‹. Der höchste europäische Prozentsatz an Wehrdienstverweigerern zeichnete sie aus, ein fest verankerter und herzlicher Internationalismus wurde von Jugendherbergen und Ferienlagern genährt. Ostermärsche, sit-ins gegen Raketen, eine hohe Sensibilität für Minderheiten jeder Art und ein tiefverwurzeltes »nie-wieder!« gehörten zu solch neuer deutscher Geistesverfassung. Und was im oberen Stock und nicht ohne Mühe durch Persönlichkeiten wie Thomas Mann und Gustav Heinemann, Willy Brandt und Heinrich Böll (später: Rita Süßmuth) sichtbar gemacht und nach außen getragen wurde, fand zu ebener Erde vor allem dort seinen Humus, wo eben auch die Grünen als Erneuerungsbewegung entstanden sind. Das Bemühen um den Frieden zwischen den Menschen und mit dem Rest der Natur und die Betonung der weiblichen Seite der Realität gehörten ebenso dazu wie der Einsatz für Ausländer oder Gefangene, neue kritische Medien-Information ebenso wie Film, Literatur und Kunst. Öko-Bank und alternatives Adreßbuch, umwelt- und sozialverträgliche Betriebe haben Schule gemacht, getrennte Müllsammlung und Wiederverwertung von Altpapier ebenso.

Mit den Grünen ist zum ersten Mal auf organisierte Weise eine neue Art, Deutsche zu sein, wahrnehmbar geworden. Was nicht wenig dazu beigetragen hat, das Erscheinungsbild dieses Volkes ganz wesentlich zu verbessern – und in ganz Europa der politischen Ökologiebewegung auf die Beine geholfen hat. Ein Grund für die Deutschen und für die Europäer, den deutschen Grünen dankbar zu sein.

Um so weniger verständlich erschien manchmal der viele ideologische Ballast, mit dem diese segensreiche Wende in der Art, Deutsche zu sein, von den deutschen Grünen überfrachtet – und damit für große Teile der Normalbevölkerung nicht mehr nachvollziehbar gemacht wurde. So schlug sich beispielsweise der neue Sinn für Weiblichkeit im pedantischen Festklopfen neuer Endungen (bis zur grotesken Verballhornung ›Abgeordnet(inn)en‹!) nieder, das neue und gewiß weit verbreitete Nord-Süd-Bewußtsein wurde durch nicht wenige ideologische Kontrollstellen gelotst, bis man ganz sicher sein konnte, daß keine blinden Passagiere etwa von ›Brot für die Welt‹ an Bord verblieben waren. Das Beharren auf einer Art ›deutscher Ideologie‹ als erbliche Veranlagung zu epischen Auseinandersetzungen oberhalb der Wolken hat bei den deutschen Grünen seltene Urständ' gefeiert. So kam es immer wieder, daß grüne Saat statt auf fruchtbaren, aber ›gewöhnlichen‹ Boden zu fallen und üppige Früchte zu tragen, nur im beschützten Treibhaus aufging. Schade genug!

Denn die deutschen Grünen hätten doch oft genug den besten und den einfühlsamsten Teil der Deutschen so glaubhaft und so überzeugend zum Ausdruck bringen können, daß dies in so manchen schwierigen, aber auch manchen Sternstunden vielen Menschen geholfen hätte, sich gut vertreten zu fühlen und einen gangbaren Weg vor sich zu sehen. Statt minderheitlichen Protestes hätten sie vielleicht mehrheitsfähige Alternativen aufzeigen können, wenn…

Ja, wenn… Beispiel: Deutschlands Neuvereinigung. Beispiel: Ausschreitungen gegen Ausländer. Beispiel: Maastricht und die europäische Integration.

Daß Kohls Hopp-Hopp-Anschluß der DDR viel Vergewaltigung in sich trug und mehr im Zeichen der DM als wiedergewonnener Demokratie stand, ließ sich schwer bestreiten, und die vielen dadurch verursachten Wunden und Schäden sind längst allen deutlich geworden. Trotzdem: wer damals den tiefen Wunsch der meisten Ostdeutschen und wohl auch der meisten Westdeutschen nicht verstand und nicht teilte, sondern teilweise sogar diskreditierte, konnte nicht erwarten, bis ans Ohr und an das Herz der breiten Bevölkerung vorzustoßen und dort Gehör zu finden – mochten die Propheten noch so recht haben. Das ideologische Erbe aus der Zeit des Kalten Krieges hatte die Grünen daran gehindert, ihre Kritik und ihre Alternativen von innen, sozusagen aus der Mitte des Volkes her zu entwickeln – so war es nur allzuleicht vorauszusehen, daß sie unter die wirksame Fremdkörperabwehr fallen würden, wie es sich dann bei der Bundestagswahl 1991 und in den folgenden Jahren zeigte.

Gegenüber der neuen, schrecklichen Fremdenfeindlichkeit – bis hin zum Marterpfahl von Mölln oder Solingen – war die allerhöchste Stufe sozialen Alarms nur allzu gerechtfertigt. Die sofortige und eindeutige Reaktion, die – nicht allein, aber gewiß höchst relevant – von den deutschen Grünen kam, wird auch noch in späteren Jahrzehnten vor der Geschichte viel zur Ehrenrettung Deutschlands beitragen. Nur: ist das ideologische Postulat, allen Menschen, die das wünschen, in Deutschland Aufnahme und Gleichbehandlung zu sichern, wirklich gerechtfertigt und durchzuhalten? Und läuft man nicht Gefahr, durch die schlichte Proklamierung von Grundsätzen – ohne Rücksicht auf Durchsetzbarkeit und Mehrheitsempfinden – eher das Wasser auf die Mühlen derjenigen zu leiten, die im besten Falle feststellen, daß mit Träumen keine Politik zu machen sei? Eine konkretere Einwanderungspolitik mit Bedacht auf jene breiten Schichten der Bevölkerung, die zwar nicht bereit sind, einfach allen Ankömmlingen Tür und Tor zu öffnen, aber doch ein recht hohes Maß an Solidarität und Humanismus als unverzichtbar ansehen und dafür auch bereit sind, einen Preis zu zahlen, würde vielleicht grüne Saat fruchtbar aufgehen lassen – und vor allem zur konkreten Meinungs- und Willensbildung in einer wichtigen historischen Stunde beitragen, statt bloß eine moralische Position für die Nachwelt zu Protokoll zu geben.

Mit Europa und Maastricht war es wohl ähnlich. Keine Partei und keine relevante gesellschaftliche Kraft in Deutschland hatte eigentlich die Position vertreten, der Maastrichter Unionsvertrag enthalte zuwenig Europa und immer noch zuviel Nationalstaat. Niemand hatte in der öffentlichen Debatte wirksam die Weiterentwicklung und den Umbau der EG zu einem tatsächlich gesamteuropäischen Föderationsfaktor gefordert. Die Position der Grünen wurde bei aller taktischen Nuancierung doch letztlich als das klassische grüne »Ja zu Europa, nein zur EG!« empfunden – wobei eindeutig ist, daß man die EG nicht mag, jedoch im Dunkel bleibt, welches Europa man eigentlich möchte und ob, wann und wie dies je zu haben sei. So dürfte wohl noch auf längere Zeit eine potentiell mehrheitsfähige Kritik der Europäischen Union, die aber auf dem Boden einer grundsätzlichen und glaubhaften Mitwirkung am real stattfindenden europäischen Einigungsprozeß steht, von der breiten Öffentlichkeit nicht gerade bei den Grünen gesucht werden. Folge ist, daß das Terrain zwischen der – sehr verschiedentlich begründeten und beileibe nicht immer friedenspolitisch wünschbaren – EU-Ablehnung und der subalternen Akzeptanz der markt- und expansionsdominierten Maastrichter-Dynamik weiterhin unbesetzt bleibt und die deutschen Grünen wohl auch in Hinkunft von ihren Mitbürgern eben nicht als jene Hauptbetreiber einer demokratischen und friedensstiftenden Einigung Europas wahrgenommen werden, die sie eigentlich sein könnten.

Wenn man das Licht unter den Scheffel stellt, wie soll es dann leuchten? Allzuoft haben bisher die deutschen Grünen tiefes deutsches Selbstmißtrauen verkörpert. Aus großem Herzen und gutem Grund, kann man sagen, und gegenüber der weit verbreiteten Bereitschaft, zu vergessen oder es gar nochmals zu versuchen, mag eine gewisse Portion davon auch notwendig und heilsam sein.

Trotzdem: die Talente soll man nicht vergraben, sondern lieber nutzbar anlegen – ja, sogar ›damit wuchern‹, steht in der Bibel. Die Talente der deutschen Grünen sind nach mehr als zehn Jahren organisierten politischen Daseins reif, aus dem engen Kreislauf der Alternativ-Wirtschaft auf die Plätze und Straßen des gemeinen Volkes und des alltäglichen Umgangs überzuschwappen. Der Wegfall übermäßiger ideologischer Verpackung sollte keine großen Tränen hervorrufen. Dem Volk aufs Maul zu schauen und die Botschaft dann so zu formulieren, daß sie Ohren und Herzen der Leute wirklich erreicht, kann auch der Botschaft nur nutzen.

Den deutschen Grünen und der ganzen grünen Bewegung in Europa würde ich wünschen, daß sie ihre Chance nutzen, vom Treibhaus auf den gemeinen Acker zu kommen.

Über die Ausweitung der Europäischen Union

Vor wenigen Monaten hat sich die Europäische Union um rund ein Viertel ihres Gebietes erweitert: aus den 12 Mitgliedstaaten sind durch den Beitritt Österreichs, Finnlands und Schwedens – deren Völker sich durch Abstimmungen dafür entschieden haben – nunmehr 15 geworden, zwei weitere kleine Länder stehen in Beitrittsverhandlungen (Zypern und Malta). Die Türkei ist dabei, durch eine umstrittene Zollunion eine noch engere Verbindung mit der EU einzugehen. In Mittel- und Osteuropa sind bereits zahlreiche Länder durch sogenannte Europa-Abkommen mit der EU assoziiert (Polen, Ungarn, die Tschechische und die Slowakische Republik, Rumänien, Bulgarien), weitere Länder sehen dieser Perspektive aus näherem oder fernerem Blickwinkel entgegen (Slowenien, die baltischen Republiken, Albanien, später vielleicht Kroatien und Mazedonien), mit den Sowjet-Nachfolgestaaten wird über verschiedene Partnerschaftsabkommen verhandelt. Im Mittelmeerraum bemüht sich einerseits Israel intensiv um enge Bande mit der Europäischen Union, andererseits haben mehrere arabische Staaten großes Interesse an einem engen Verhältnis zur EU geäußert (bis zum Beitrittswunsch Marokkos), das über die derzeitigen Finanzprotokolle hinausgehen soll. Selbst die eher isolationistischen europäischen Wohlstandsländer der EFTA wie Schweiz, Norwegen und Island (nebst den Kleinststaaten) werden kaum auf Dauer ›draußen‹ bleiben wollen.

In kurzen Worten: die europäische Einigung durch die Europäische Union (früher EWG und EG) ist – seit der Neuordnung Europas nach dem Ende der kommunistischen Regimes unbestritten – zum einzig erfolgreichen und aussichtsvollen Integrationsprozeß Europas geworden und diese Integration erweist sich als dermaßen attraktiv, daß sich sämtliche Nachbarn mehr oder minder deutlich und ungeduldig um ihre Einbeziehung bemühen. Gewiß haben mehrere Elemente zu diesem Erfolg beigetragen: zur Union zu gehören, scheint dauerhaften Frieden mit den anderen Mitgliedern, einen relativ starken Schutz nach außen (trotz des noch weitgehend bestehenden Mangels einer gemeinsamen Sicherheitspolitik), eine günstige Wirtschaftsentwicklung und enge Verflechtung mit dem Weltmarkt, eine enge Integration in den wissenschaftlichen und technischen Fortschritt und eine positive Teilhabe an allen Erfolgen und Außenbeziehungen der Union (auch gegenüber Drittstaaten, Süden der Welt inbegriffen) zu garantieren. Unter allen Ansätzen zur engeren Zusammenarbeit und tendentiellen Einigung Europas – die nach und nach durch den Europarat, durch die KSZE (Konferenz für Sicherheit und Zusammenarbeit in Europa, d.h. Helsinki-Prozeß; heute OSZE) oder andere Gremien gefördert wurden – hat sich jener der EU als der qualitativ und quantitativ bei weitem nachhaltigste erwiesen: die Gemeinschaft der 12 (und heute 15) ist längst über das inter-gouvernementale Modell der Zusammenarbeit zwischen souveränen Staaten hinaus und weist sich erkennbar als bereits stark entwickelter Prozeß zur Integration in eine Gemeinschaft, die einem Bundesstaat ähnelt. Drittländer begnügen sich deshalb nicht mehr mit Handels- und Kooperationsabkommen, mit Finanzprotokollen und sonstigen Abkommen über Forschungsprogramme oder Kulturaustausch, sondern möchten schlicht und einfach so schnell als möglich voll dazugehören – trotz der wiederholten Enttäuschungen und zahllosen Wartezimmer, die man seit Jahren über sich ergehen lassen muß. Selbst die tragischste Niederlage europäischer Integrationspolitik – der Jugoslawienkrieg – und die merkliche Schwächung des Einigungsprozesses in Maastricht und in den nachfolgenden Jahren hat diesen Erwartungen kaum Abbruch getan. Dabei kommt es diesen Regierungen (und, soweit erkenntlich, ihren Völkern) nicht vor allem darauf an, ihre eigenen Mitbestimmungsrechte und Vetomöglichkeiten sonderlich zu verankern, sondern in erster Linie vielmehr, ein anerkanntes und gewichtiges europäisches Subjekt mit einer unanfechtbaren und klaren Entscheidungsstruktur zu errichten, in dessen Rahmen und unter dessen Schutz man sich fest verankert weiß. Wirtschaftliche, politische und auch rechtsprechende gemeinsame Institutionen sind gefragt und erwünscht, sicherheitspolitische Garantien meistens auch.

Auch von außen betrachtet hat der Prozeß der europäischen Einigung durch die EU eine sichtlich große Überzeugungskraft und regt zur ›Nachahmung‹, d.h. zur Förderung regionaler Integrationsprozesse an: von Südamerika bis Südostasien, von Afrika bis zum Nahen Osten; von NAFTA und MERCOSUR über die Arabische Liga (die ›neidvoll‹ auf die europäische Erfahrung blickt) zur OUA... Wenn weitblickende Politiker die beste wünschenswerte Entwicklung für das israelisch-palästinensische Verhältnis ansprechen, zitieren sie die Europäische Gemeinschaft als Vorbild für ihre Region.

Natürlich ist ein solcher Einigungsprozeß, der die Kohäsion nach innen ausbaut und ein immer größeres Gebiet umfaßt (heute der größte Wirtschaftsraum der Welt), nicht einfach per se eine Garantie für friedliche Entwicklung und Gleichgewicht für alle Beteiligten und Dritten, und selbst die Überwindung des Nationalismus würde wenig nützen, wenn dafür ein großeuropäischer Chauvinismus entstünde. Eine ›Großmacht Europa‹ (denn eine solche wird sie unausweichlich, obwohl bisher doch zahlreiche Bremsen gegenüber einer solchen Entwicklung eingebaut sind) ist nicht von vorneherein gegen die bekannten Großmachtallüren und imperiales oder hegemoniales Verhalten gefeit. Trotzdem: das Zusammenwachsen der Welt und die Überwindung der zahlreichen und sehr ernsten Gefahrenquellen und Spannungen, die aus der Existenz einer Vielzahl von souveränen Staaten mit ihrem Anspruch auf Durchsetzung eigener Interessen bis hin zum Krieg und auf Nichteinmischung in ihre ›inneren Angelegenheiten‹ (Terror gegen Bevölkerungen inbegriffen) erwachsen, wird kaum anders vor sich gehen können, als daß regionale, friedliche Integrationsprozesse zwischen einigermaßen homogenen Partnern nach und nach Platz greifen und Schritte über das bisher existierende und erwiesenermaßen schwache und oft ohnmächtige System der Vereinten Nationen (bzw. OSZE) hinaus vollziehen, die das gleichberechtigte Zusammenleben souveräner (National)Staaten fortentwickeln und ausbauen bis hin zu verbundenen und in einer gemeinsamen Ordnung zusammengeschlossenen Vielvölkergemeinschaften. Die Tatsache, daß die EU – zumindest bisher, und trotz aller Hervorhebung einer deutsch-französischen ›Achse‹ – ihre Einigung ohne Vorherrschen einer Hegemonialmacht vollzieht, ist für den Erfolg dieses Unterfangens eine wichtige Voraussetzung. Und jede Forderung nach einem ›Kerneuropa‹, die einen solchen hegemonialen Anspruch zu postulieren scheint und den Einigungsprozeß als Vorauspreschen einiger Partner durch Verwirklichung umstrittener Vorhaben (beispielsweise: Schengener Abkommen, Eurocorps, morgen vielleicht eine Kern-Währungsunion…) praktiziert, denen die anderen dann nur mehr beitreten können, indem sie die vollendeten Tatsachen in Kauf nehmen, würde Rückfälle in hegemoniales Verhalten bedeuten.

Die Europäische Union ist heute an einem Punkt angelangt, wo folgende vier Fragen unaufschiebbar geworden sind:
1. wie schnell und bis wohin soll die europäische Einigung stattfinden?
2. was geschieht mit denen, die nicht dazu gehören wollen oder können? und wie verhält man sich zu den sonstigen supranationalen Institutionen?
3. welche Veränderungen der bestehenden Union sind notwendig, um diesen Erweiterungsprozeß möglich zu machen, ohne dadurch den Rückfall in eine reine Freihandelszone zu verursachen?
4. wo ist der Antriebsmotor für eine solche Entwicklung zu finden?

Hier ein Versuch zu einer ersten Antwort:

1. Die europäische Einigung muß heute im Prinzip für den ganzen europäischen Kontinent offen sein – gegründet hatte man die Gemeinschaft ja als gemeinsames Haus aller demokratisch verfaßten europäischen Völker. Während die Südgrenze relativ einfach zu bestimmen ist, fällt dies im Osten schwerer. Traditionell hat sich Europa mit zwei Großmächten in seiner unmittelbaren Nachbarschaft immer schwer getan, die einerseits eng mit Europa verbunden sind, andererseits aber doch viele außer-europäische Interessen, Territorien und letztlich auch Traditionen verkörpern:

Rußland und die Türkei. Und der gesamte Mittelmeerraum – politisch eher alles als einig, mit einer starken arabischen Komponente, die heute aus ihrem panarabischen Traum weitgehend erwacht ist – hat ebenfalls sehr eng mit Europa zu tun.

Um es kurz zu formulieren: die Einigung ganz Europas – für jene, die sie wünschen – muß heute als politisches Ziel noch für dieses Jahrhundert definiert werden, wobei das politische und institutionelle Zusammenwachsen Vorrang vor der Einbindung in einen gemeinsamen Binnenmarkt und der Verwirklichung einer gesamteuropäischen Wirtschafts- und Währungsunion haben muß. Und an den Rändern müssen komplementäre Integrationsprozesse angeboten werden, die es möglich machen, dieses Zusammenwachsen ohne Ausgrenzung wichtiger Partner, aber auch ohne bedenkliche Überfrachtung und damit Gefährdung der europäischen Einigung rundum zu ergänzen und evolutiv für spätere noch engere Verbindung zu öffnen.

Was die Länder Mittel- und Osteuropas angeht, so muß ihre volle Einbeziehung in die Union (die sie allesamt eindeutig wünschen und fordern) wohl durch eine Akzentverlagerung des bisherigen Integrationskurses vollzogen werden: nicht über die Vereinheitlichung zu einem Binnenmarkt, als wichtigstem Föderationsfaktor, sondern in erster Linie über die Unterstreichung einer politischen Gemeinschaft, die durchaus mit einer gewissen Abstufung der Märkte leben kann, die u. a. den östlichen Beitrittsländern die Zerstörung ihrer noch verbliebenen Landwirtschaft und wichtiger sozialer Strukturen ersparen muß und gleichzeitig in der bestehenden Union den Druck erhöht, die Agrar- und regionale Strukturpolitik entsprechend zu reformieren – und dadurch letztlich zu humanisieren und auch umweltverträglicher zu machen. Das muß heute laut und deutlich gesagt werden und steht auch in allen entsprechenden Anträgen der Grünen im Europäischen Parlament zu lesen. Demokratie- und Friedenspolitik muß Vorrang vor der Durchsetzung von Wettbewerb und Binnenmarkt haben.

Eine ganz besondere Ausgestaltung dieses Prinzips – die Grünen haben dies bereits im Dezember 1994 anläßlich ihrer Konferenz zum EU-Gipfel in Essen gefordert – kann darin liegen, daß man heute der Republik Bosnien-Herzegowina, und nach und nach allen zur Wiederversöhnung und zur Demokratie bereiten Nachfolgestaaten des ehemaligen Jugoslawiens, den Beitritt zur Union unter besonderen Vorzugsbedingungen als politische Absicherung gegen Aufteilung, ethnische Säuberung und Krieg ermöglicht.

2. An den Rändern müssen – wie gesagt – komplementäre Integrationsprozesse angeboten werden. Im Osten wird dies weitgehend von der Entwicklung der russischen Föderation in eine demokratische Richtung abhängen – von europäischer Seite kann man dazu einiges unternehmen. Beispielsweise: man kann (und muß) vermeiden, daß durch unvorsichtiges Hantieren mit Militärbündnissen nationalistische und chauvinistische Kräfte in Rußland zum Rückfall in imperiale Verhaltensweisen ermutigt werden, indem man ihnen den Anschein einer Bedrohung als Vorwand dazu liefert; man wird durch sorgfältige Nutzung der OSZE als gemeinsamen Rahmen eine für alle Seiten akzeptable Sicherheitspolitik weiterentwickeln müssen; man könnte durch großzügige gegenseitige Abrüstung und durch Abbau unnötig gewordener Militärbündnisse (sprich NATO) und Akzentuierung einer europäischen – nicht mehr so transatlantisch gekennzeichneten – Sicherheitsstruktur Vertrauensbildung fördern; und man wird durch Partnerschaftsabkommen (mit demokratischem Vorzeichen und gebunden an die demokratische Entwicklung) eine breite Palette von Kooperation und Verflechtung in den Bereichen der Wirtschaft, Forschung, Kultur, Umweltpolitik usw. entfalten können. Außerdem muß die EU einen gewissen Zusammenhalt zwischen einem Großteil der ehemaligen Mitglieder der Sowjetunion wohl eher fördern, als deren Auseinanderleben zu ermutigen – was eine oft schwierige Gratwanderung bedeuten mag –, und soll jedenfalls zeigen, daß ihr bei allem notwendigen Nachdruck gegen Brutalität (siehe Tschetschenien) und für Demokratie und Menschenrechte nicht einfach die Demütigung und Zerschlagung russischer Interessen und Anliegen am Herzen liegt.

Im Süden wurde der dort notwendige komplementäre Integrationsprozeß vor allem in den letzten Jahren eher vernachlässigt, und die EU hat eher anderen das Feld überlassen: man denke nur an die bescheidene Rolle im Friedensprozeß zwischen Israel, den Palästinensern und den übrigen arabischen Staaten, oder an Zypern, Libyen und selbst Algerien. Vielleicht war man zu sehr mit der Verkraftung des neuen Ost-West-Verhältnisses in Europa beschäftigt, vielleicht fehlte es an einer Vision, vielleicht kümmerten sich die EU-Mittelmeerstaaten zu wenig darum…

Heute kann das nun endlich anders werden, und die äußerst positive Entscheidung des Essener Gipfels im Dezember 1994, eine Mittelmeerkonferenz im Herbst 1995 (geplante Eröffnung: am 27. November 1995 in Barcelona) unter spanischem Vorsitz einzuberufen, kann da einen Weg eröffnen (wenn nicht nur ein Alibi-Ausgleich zur Nord- und Osterweiterung damit gemeint war). Mehrere aufeinanderfolgende mediterrane Ratspräsidentschaften der Union können weiter dazu beitragen, hier Akzente zu setzen, obwohl dies gewiß nicht nur eine Frage der Mittelmeerländer sein kann und darf.

Woran es heute vor allem mangelt, ist eine überzeugende Vision eines dauerhaften Verhältnisses zwischen Europa und dem Mittelmeerraum, wobei die arabische Welt (die ja einen großen Teil davon ausmacht) eine besondere Rolle spielt. Die EU neigt heute noch dazu, diese Beziehung vor allem unter dem Gesichtspunkt der eigenen ›Bedrohung‹ durch unkontrollierte Wanderungen und islamischen Fundamentalismus zu sehen – was natürlich kein besonders positiver Ansatz ist. Außerdem ist seit dem Golfkrieg das Verhältnis zwischen Europa und den Arabern und der Araber untereinander sehr belastet. Allerdings gibt es auch erfreuliche Entwicklungen: der – wenn auch extrem schwierige und oftmals behinderte – israelisch-arabische Friedensprozeß und ein mehrmals demonstriertes hohes Interesse vieler arabischer Länder für Europa können dazugezählt werden.

Das anzustrebende Ziel sollte m.E. deutlich als euro-mediterrane Gemeinschaft benannt werden: also als ein Prozeß der Verflechtung auf ökonomischer, politischer, kultureller, institutioneller, umwelt- und sicherheitspolitischer Ebene, der im Lauf von etwa zwei Jahrzehnten bis hin zur festen Herausbildung und Verankerung eines gemeinsamen Rahmens und gemeinsamer Strukturen führen kann: komplementär zu jenen der Europäischen Union und in enger Verbindung damit. Warum sollte es nicht eines Tages ein Parlament einer euro-mediterranen Gemeinschaft geben, das bindender und gewichtiger als die derzeitige EU-AKP-Versammlung sein müßte? Warum sollte es nicht einen gemeinsamen Ministerrat und vielleicht auch so etwas wie eine Exekutiv-Kommission geben? Das Mittelmeer war seit jeher ein eng verflochtener Raum und ist der ideale Kreuzweg zwischen Europa, Afrika und Asien, zwischen den drei großen Religionen, die diesen Raum geprägt haben, zwischen Kulturen und Volkswirtschaften, die immer sehr eng miteinander zu tun hatten. Auch traditionell ›komplizierte‹ Beziehungspartner für Europa – wie die beiden nicht-arabischen Staaten im süd-östlichen Mittelmeer, die Türkei und Israel – könnten in einem solchen Rahmen ihren angemessensten Platz finden, und aus dem oft unübersichtlichen Gestrüpp bilateraler Beziehungen und Abkommen ließe sich ein umfassendes System von Gemeinsamkeiten entwickeln.

Die Mittelmeerkonferenz im Herbst 1996 wird dafür die erste und wohl über längere Zeit entscheidende Weichenstellung vornehmen. Würde daraus bloß ein Anlaß für eine Generalüberholung der Abkommen zwischen der EU und den Mittelmeerpartnern oder gar eine Gelegenheit für selektive Abstufung von Freundschaft oder Partnerschaft, würde der Zweck wohl verfehlt. Ein ›Helsinki‹-ähnlicher Prozeß für den Mittelmeerraum ist nicht nur möglich, sondern hat heute auch um vieles bessere Karten als die KSZE damals vor 20 Jahren, als sich der Versuch letztlich doch sehr lohnte, Dialog und Kooperation auch zwischen sehr unterschiedlichen politischen und ökonomischen Systemen (ohne Anspruch auf gegenseitige Veränderung oder Eingemeindung, doch mit Berufung auf einige gemeinsam erarbeitete und anerkannte Grundsätze) anzubahnen und dafür einige ›Körbe‹ als Anwendungsfelder auszumachen (Umwelt, Abrüstung, wirtschaftliche und technische Kooperation, Menschenrechte...). Die besseren

Karten von heute heißen, unter anderem: es gibt keinen unüberwindlich erscheinenden System-Gegensatz (könnte aber bei übermäßiger Hinwendung zum Islamismus noch entstehen), die beiden Supermächte sind nicht mehr notwendiger Teil dieses Spiels und – man hat eine geachtete und geschätzte Gastgeberin (die EU), die nicht nur für eine gute Gesprächsatmosphäre sorgen, sondern auch sehr konkrete wirtschaftliche Anreize auftischen kann.

Also wird es angezeigt sein, an der Weichenstellung und Vorbereitung dieser Mittelmeerkonferenz der Union so viel und so gut als möglich mitzumischen und uns damit intensiv zu befassen: noch ist das ganze Vorhaben so weich, daß es von allen jenen ein wenig mit-formiert werden kann, die ernsthaft und engagiert mitmischen. Und das führt uns zu einem wichtigen Anliegen, das auch damit im Zusammenhang steht, daß diese Konferenz ja voraussichtlich einen jahrelangen Prozeß einleitet: damit die Mittelmeerkooperation und der Weg zur angestrebten euro-mediterranen Gemeinschaft auch tatsächlich vorankommen, braucht es die Teilnahme und das aktive Engagement von Menschen, von Frauen, Männern, Jugendlichen, Gruppen usw. am südlichen und am nördlichen Ufer des Mittelmeeres. Deshalb müssen wir jetzt schon mit großem Nachdruck die Eröffnung eines angemessenen und wohl permanenten Forums für Nichtregierungsorganisationen fordern und unseren Beitrag zu dessen Zustandekommen leisten. Das kann insbesondere in Bereichen wie Umwelt, Menschen- und Bürgerrechte (insbesondere auch Frauenrechte), Kultur, Entwicklungskooperation, Information u.a.m. geschehen. Denken wir an die Bedeutung, die in den letzten Jahrzehnten für den Osten die Berufung auf ›Helsinki‹ hatte! Vielleicht wird es in Zukunft im euro-mediterranen Raum so etwas wie ›Barcelona-Watch-Groups‹ geben, die sich auf die dort erarbeitete Perspektive und die dort abgegebenen Verheißungen ebenso hoffnungsvoll und entschlossen stützen könnten, wie dies zahlreiche Menschenrechtsgruppen im Osten aufgrund der Helsinki-Abkommen tun konnten.

3. Welche Veränderungen in der Union notwendig sind, um gleichzeitig den gesamteuropäischen Einigungsprozeß und die aktive Beförderung komplementärer Integrationsprozesse im Süden und im Osten bewältigen zu können, soll hier nicht eingehend erörtert werden. Es ist jedenfalls hervorzuheben, daß die gesamteuropäische Erweiterung der Union sowieso ohne entsprechenden Umbau nicht zu schaffen ist, weswegen darin auch eine große Chance liegt, notwendige Reformen und Veränderungen der Union als notwendig klar erkennbar zu machen und zu beschleunigen. Unter anderem bietet sich die Gelegenheit an, einen echten gesamteuropäischen verfassunggebenden Prozeß einzuleiten, der dazu führen müßte, daß nach der 1996 beginnenden Regierungskonferenz das nächste Mal keine neue inter-gouvernementale Verhandlung, sondern eine verfassunggebende Versammlung zusammentritt. Natürlich soll damit nicht gesagt sein, daß alles neu erfunden werden muß, und daß eine verfassunggebende Versammlung klassischer Art von Null auf eine europäische Konstitution gebären soll; man wird da sehr viele bestehende Elemente aus den Verträgen weiterentwickeln, aber irgendwann muß es doch wohl zur Festlegung einer klaren und übersichtlichen Verfassung kommen – vielleicht mit anschließender europäischer Volksabstimmung darüber.

Mit ziemlicher Sicherheit lassen sich aber bereits einige Züge ausmachen, die von den Grünen auch entsprechend angestrengt und vorangetrieben werden sollten:

– je größer und umfassender die Union wird, desto mehr muß sie über kohärente, effiziente und demokratische Entscheidungsstrukturen (mit Mehrheitsentscheidung) verfügen;

– je tiefer die Integration greift, desto klarer müssen mit der Bürgerschaft der Union Rechte und Pflichten verbunden sein, die in die Richtung einer ›europäischen Bürgerschaft‹, eines ›europäischen Volkes‹ (im zivilen und konstitutionellen, nicht ethnischen Sinne definiert) weisen; auch die europäische Gerichtsbarkeit wird dahingehend ausgebaut werden müssen, und der bisher nur beim Europa-Rat verankerte Menschenrechtskatalog und die damit zusammenhängende Rechtsprechung muß gewiß auch in die

EU-Verfassung (EU-Vertrag, solange es keine Verfassung gibt) Eingang finden. Dies könnte zumindest teilweise für die Demokratie-, Minderheiten- und Menschenrechtsfragen, die sich bei Erweiterungen ergeben, auf einen Weg zur Lösung führen;

– je größer das Gewicht der Entscheidungen der Union ist, desto fester muß die demokratische und parlamentarische Legitimation dieser Entscheidungen und der verantwortlichen Gremien gesichert und verankert sein (es ist kein Zufall, daß im Ost-West-Verhältnis unser Vorschlag einer gemeinsamen parlamentarischen Versammlung zumindest nach dem EG-AKP-Modell – siehe Grünes Europaparlament 1990 in Straßburg – ungehört blieb, während auf der wirtschaftlichen und gar militärischen Ebene die Verbindungen immer enger wurden)

– die Einhaltung des Erreichten (›acquis communautaire‹) ist grundsätzlich eine wichtige Garantie gegen Verwässerung, darf aber nicht zur Erstarrung und zu einer phantasielosen Anschlußpolitik werden: warum hat man beispielsweise bisher die Erfahrung der neutralen alten und neuen Mitgliedstaaten überhaupt nicht in Richtung Friedenscorps, Prävention usw. zu nutzen gedacht? Warum glaubt man, die noch übergebliebene Landwirtschaft im Osten genauso ausrotten zu müssen wie in Westeuropa? Flexibilität, dezentrale Anpassungsfähigkeit, Zeit für Übergangslösungen, Einführung neuer und schrittweise umzusetzender Politiken heißen noch lange nicht ›Europe à la carte‹ und müssen auch nicht das ungute Schengen- oder Eurocorps-Modell fortschreiben oder zu einem wahllosen und willkürlichen opting-out führen

– eine stark profilierte gemeinsame Außen-, Friedens- und Sicherheitspolitik ist ein zentrales und unverzichtbares Wesenselement einer solchen europäischen Einigung, was u. a. auch dazu führen muß, daß Europa in den internationalen zwischenstaatlichen Gremien (UNO, Sicherheitsrat, OSZE, Weltbank...) mit einer gemeinsamen Stimme spricht – es hat keinen Sinn, daß zwei Mitglieder noch eine alte Großmachtrolle weiterspielen und gleichzeitig Atomwaffen besitzen, anstatt einer einzigen und atomwaffenfreien Union anzugehören; allerdings wird man sich der Überlegung über eine in der Union angesiedelte (nicht an die WEU oder gar an die NATO abzutretende) gemeinsame Verteidigung – nicht nur eine sicherheitspolitische Entscheidungsstruktur – ohne Tabus stellen müssen – die Alternative heißt schlicht und einfach, daß dieser Kernbereich der Souveränität den Nationalstaaten einerseits und den Militärallianzen andererseits überlassen bleibt, was die ganze Sache gewiß um nichts demokratischer und friedenspolitisch zuverlässiger macht, im Gegenteil

– die Union wird sich, wenn sie sich überzeugt und vorbehaltslos fürs gesamteuropäische Zusammenwachsen entscheidet, auch für eine Politik der Mäßigung des Wachstums im Westen und der sozialen und ökologischen Sanierung im Ausgleich zwischen allen Teilen Europas entscheiden müssen – wenn man im Zusammenwachsen Deutschlands von Solidarbeitrag u. ä. spricht, ist nicht einzusehen, warum dasselbe nicht für das Zusammenwachsen von ganz Europa gelten soll

– Zusammenwachsen und Integration können nicht nur auf der institutionellen und staatlichen Ebene stattfinden, sondern müssen ihre Grundlegung und Verwurzelung auf der Ebene der Bürger/innen finden. Insofern kann die Entwicklung über-regionaler Kooperation und grenzübergreifender ›europäischer Regionen‹ (ohne jeden Anspruch auf Grenzveränderung, sondern im Gegenteil als Beitrag zur Verdünnung und Überwindung von Grenzen – man denke u. a. an die positiven Erfahrungen der Arge Alp und Alpe Adria) von besonderer Bedeutung sein. Überhaupt wird die europäische Integration – und damit die Verlagerung von Kompetenzen und Funktionen des bisherigen Nationalstaats ›nach oben‹, auf die supra-nationale Ebene – nur dann einen demokratischen Fortschritt bedeuten, wenn gleichzeitig eine analoge Verlagerung auch ›nach unten‹, d. h. auf die regionale und lokale Ebene stattfindet. Der heutige Nationalstaat ist nämlich in den meisten Fällen zu klein, um viele der anstehenden Fragen zufriedenstellend lösen zu können, und gleichzeitig zu groß, um Demokratie und Bürgerbeteiligung echt zu ermöglichen.

4. Und wer soll dazu den nötigen Antrieb geben? In diesem Zusammenhang kann vielleicht auch der Bezug auf ein ›Kerneuropa‹ eine andere Bedeutung erhalten. Denn um den Integrationsprozeß voranzutreiben, braucht es auf allen Ebenen einen ›Kern‹ überzeugter und williger Europäer/innen (Bürger, politische Gruppierungen, Regierungen, Parlamente, Institutionen...), die den so verstandenen Prozeß des Zusammenwachsens, der sich ja gegen zahlreiche Widerstände durchsetzen muß, mit großem Nachdruck und unablässig betreiben. Das Europäische Parlament gehört – immer noch, möchte ich sagen – in hervorragender Weise zu diesem ›Kerneuropa‹, einige Regierungen (die insbesondere die Rolle des europäischen Parlaments verteidigen und bereit sind, den Verzicht auf nationale Souveränität und Entwicklung gemeinsamer Politik und gemeinsamer Entscheidungsstrukturen zu befördern) gehören auch mehr als andere dazu. Und das ist gut so.

Aber ohne ein ›Kerneuropa‹ aus Bürger/innen und gesellschaftlichen Gruppen, die sich für das gesamteuropäische Zusammenwachsen, für eine demokratische europäische Verfassung, für die Integration auch an seinen Rändern und für eine solidarische Rolle Europas in der Welt einsetzen, wird diesem Prozeß der nötige ideelle Impuls fehlen. Ich wünsche mir die europäischen Grünen voll und ganz im Herzen dieses ›Kerneuropas‹.

Was hat die EG in Jugoslawien falsch gemacht?

Solange Jugoslawien als blockfreie Pufferzone zwischen Ost und West als Notwendigkeit empfunden wurde, war die EG großzügig: Kooperation, Finanzprotokolle, Handel sollten die Freundschaft nähren. Exzesse und Verstöße gegen Menschen- und Volksgruppenrechte – beispielsweise seit der Aufhebung der Autonomie des Kosovo und mit der zunehmenden Unterdrükkung der dort lebenden albanischen Bevölkerungsmehrheit – wurden ebenso wie groß-serbische Anwandlungen stillschweigend übersehen: galt es doch vor allem, die Einheit Jugoslawiens und die guten Beziehungen zu diesem Staat zu retten. Insofern war allen klar, daß keine Teilrepublik unter Hintergehung Belgrads an den europäischen Gemeinschaftshimmel denken durfte.

Nach dem Ende der Teilung Europas glaubte die EG, Jugoslawien sei nicht mehr so wichtig – ein großzügiges und schnelles Sonderangebot an die gesamte damals noch existierende Föderation, in der EG mit einem Sonderstatus das neue, größere gemeinsame Dach zu finden, das in Belgrad zu eng geworden war, hätte vielleicht Nationalitätenhaß, Zerfall und Krieg verhindern können. Und auf der Grundlage eines besonderen und glaubhaften Assoziationsangebotes hätte man wohl auch von der EG her auf eine vernünftige Dezentralisierung, vielleicht eine mehr konföderale Lösung hinwirken können. Was aber prompt unterlassen wurde: Belgrad wurde eine Zeitlang einfach weitergestützt und den Jugoslawen Zusammenhalt empfohlen (»glaubt nur ja nicht, daß ihr vereinzelt in die EG kommt!«), bis dann die slowenische und vor allem kroatische Sezession innerhalb der EG offenlegte, was bis dahin unterschwellig schon brodelte. Daß es nämlich eine Gemeinschaftspolitik gar nicht (mehr?) gab, und ein prominenter Partner der Gemeinschaft, das neuvereinigte Deutschland, gemeinsam mit Papst Wojtyla, Außenminister Mock und dem katholischen Nordostitalien auf deutliche Ermutigung der Abspaltung der nördlichen, katholischen und ›europäischen‹

Bundesstaaten drängte und dies schließlich auch durchsetzte. Ohne Rücksicht auf die (höchst vorhersehbaren) Folgen und Verluste. Was folgte, war gleichzeitig eine verfehlte Anerkennungs- und eine verfehlte Nichtanerkennungspolitik. Anerkannt wurden, ohne Verhandlungen und Beachtung der Rechte und Ängste der Nachbarn, die neuen Staaten (während man im Baltikum einseitige Anerkennungen ohne Konsens der ›Gegenseite‹ vermieden hatte!), nicht anerkannt wurden die nicht-nationalistischen zivilen Kräfte der Verständigung und Demokratie.

So schlitterte man weiter, von einer Katastrophe in die andere, nationale Interessen wogen wesentlich stärker als gemeinschaftliche, die Rechnung dafür mußten immer wieder die Menschen im ehemaligen Jugoslawien mit ihrem Blut bezahlen, und schließlich wetteifert die EG – die sich in Maastricht eine gemeinsame Außen- und Sicherheitspolitik zum Ziel gesetzt hatte – mit der UNO um den Primat im Fehlen einer Jugoslawienpolitik. Mittel, sie dann auch durchzusetzen, würde man sowieso nicht mobilisieren. Der Glaubwürdigkeitsverlust vor allem im östlichen Teil Europas ist unermeßlich. Nach dem Golfkrieg war noch die Bestätigung des Versagens der Gemeinschaftspolitik in Europa selbst ausständig – jetzt wurde sie nachgeliefert. Ob die EG dies alles selbst überlebt, darf heute mit Recht gefragt werden.

Einige bescheidene Vorschläge für positive Schritte auf dem Weg zu einer Lösung des Kosovo-Konfliktes

Der Konflikt im Kosovo gehört mindestens seit 1988–89 zu den wichtigsten innerstaatlichen Auslösern der Jugoslawien-Krise und könnte in nicht allzuferner Zukunft das Herzstück eines noch viel größeren, blutigen, unabsehbaren regionalen und internationalen Konfliktes werden. Alle näher und ferner beteiligten Kräfte und Beobachter sind sich dessen bewußt, und trotzdem schlittert man weiterhin wie gelähmt auf eine Katastrophe zu.

Die Lage ist nicht einfach, es gibt keine einfachen Lösungen. Je mehr ein Land als heiliger Boden gilt, desto schwieriger lösbar sind die damit zusammenhängenden Konflikte: man denke an Palästina/Israel. Jede Anstrengung, von innen und von außen, die eine friedliche Lösung zum Ziel haben will, muß auf alle Interessen und Gefühle Rücksicht nehmen, die dabei eine Rolle spielen.

Außerdem muß der regionale Kontext bedacht werden: das ehemalige Jugoslawien, das veränderte Albanien, der Balkan, der Südosten Europas, der ehemals kommunistische Machtbereich, die Nachwirkungen der großen historischen Faktoren (Imperien, Erbfeindschaften, Kulturbrüche…).

Keine Lösung kann in einem einzigen Schritt erzielt werden, keine Lösung wird alle Seiten voll zufriedenstellen können (im Gegenteil: eine möglichst gerechte Lösung wird auch Verzichte und Unzufriedenheit möglichst gerecht verteilen müssen), keine Lösung kann durch eine Kraftprobe (bis hin zur ›ethnischen Säuberung‹) herbeigeführt werden, keine Lösung ist ohne demokratische und friedenspolitische Fortschritte in der ganzen Region (insbesondere in Serbien-Montenegro) denkbar.

Hier sollen, aus der Erfahrung in diesem und anderen Gebieten Europas, wo es Nationalitätenkonflikte gibt, einige Vorschläge unterbreitet werden, die hilfreich sein könnten. Diese Vorschläge bewegen sich bewußt nicht auf der Ebene der internationalen oder innerstaatlichen Machtpolitik, sondern mehr auf der Ebene der zivilen Gesellschaft. Dies ist gewiß nicht die einzig mögliche Handlungsebene und wohl heute auch nicht die ausschlaggebendste – aber vielleicht momentan die aussichtsreichste und jedenfalls die notwendigste, wenn eine dauerhafte friedliche und demokratische Lösung erreicht werden soll.

Vorschläge, die Fortschritte in Richtung einer Lösung enthalten können:

– Unterstützung und Stärkung, auch von außen, aller gemäßigten Elemente und ›Brückenbauer‹ in der Region und um die betroffene Region: gemäßigte politische Parteien oder Gruppierungen auf kosovo-albanischer und serbischer Seite, kirchliche Bemühungen (die katholischen Albaner könnten eine positive Rolle ausüben), Intellektuelle und Journalisten, die noch nach beiden Seiten Kontakt haben, Auslands-Emigranten, die aus der Ferne mäßigend und klärend wirken können…

– internationaler Druck zwecks Wiederherstellung elementarer Vorbedingungen für ein Minimum an demokratischer politischer Dynamik (Wiedereröffnung des kosovo-albanischen Schulwesens, der Medien, politische und gewerkschaftliche Organisationsfreiheit, großzügige Lösung der Probleme der politischen Gefangenen, normale Ausgabe von Reisepässen, usw.)

– Schritte zur Herabsetzung militärischer und paramilitärischer Präsenz, Entmilitarisierung, ›Abrüstung‹

– Förderung jeglicher Art von gegenseitigem Kennenlernen und Kooperation, Informationsaustausch, Austausch von Schülern und Jugendlichen (auch im Ausland) zwischen Serben und Kosovo-Albanern, gegenseitigen (zweisprachigen?) Publikationsmöglichkeiten, Kolloquien, gemeinsamen Projekten (sozialer, ökologischer, wissenschaftlich-technischer, ökonomischer… Art)

– glaubwürdige Zusicherung, daß keine ethnischen Säuberungen (weder gegen Albaner, noch gegen Serben) stattfinden werden, Zusicherung des ›Heimatrechts‹ und der vollen Gleichberechtigung für alle im Kosovo lebenden Menschen

– Herausbildung einer Mentalität der Gleichzeitigkeit und Gegenseitigkeit: Förderung einer Dynamik, wonach gleichzeitig von beiden Seiten vertrauensbildende Maßnahmen ausgehen, die der öffentlichen Meinung im einen und im anderen Lager entgegenkommen und positive aufklärerische Wirkung haben (natürlich muß dabei auf die Realität geachtet werden: heute ist die albanische Seite in einer extrem schwachen Position, morgen könnte dies der serbischen Seite passieren)

– Förderung einer diskreten und höchst behutsamen Hilfe von außen: Beobachter, Helfer, Freiwillige, Besucher usw. können ebenfalls eine wichtige Funktion haben: besser sie betätigen sich als ›Brückenbauer‹ denn als Schiedsrichter oder gar Anheizer

– explizite politische und moralische Anerkennung der Gewaltlosigkeit als demokratischer Einstellung und politischer Strategie, die ermutigt und honoriert werden muß

– eine enorme Wichtigkeit können gemischte (albanisch-serbische) Gruppen, Initiativen, Blätter, Camps, Tagungen, usw. haben

– gemeinsame Einladungen an serbische und albanische Vertreter zu Besuchen und Studienreisen in europäische Regionen, wo es ethnische Spannungen gab/gibt und positive Lösungsansätze entwickelt wurden (z.B. Südtirol/Italien, Baskenland/Spanien, Schweiz...)

Natürlich darf nicht angenommen werden, daß durch positive Schritte in der zivilen Gesellschaft automatisch das Konfliktpotential eliminiert und die Chancen für zufriedenstellende demokratische Lösungen gesichert werden – doch würde damit u.a. eine Schicht von dialogfähigen Demokraten in beiden Lagern gefördert und gestärkt, die als ganz wesentliche Voraussetzung für jeglichen positiven Fortschritt angesehen werden muß.

In diesem Sinne sollten sich ab sofort internationale offizielle und nicht-offizielle Organisationen einsetzen und sich das ruhig auch etwas kosten lassen. Derartige Schritte können bis zu einem gewissen Grad auch gesetzt werden, ohne daß vorher Einvernehmen über den zu erstrebenden Endzustand oder über die Lösung der heikelsten und umstrittensten Fragen erzielt wird.

Europa stirbt oder wird wiedergeboren in Sarajewo

Cannes, Juni 1995

Wir sind also nach Cannes gefahren, um vor den Staatsoberhäuptern und Regierungschefs für Bosnien-Herzegowina zu demonstrieren: »Schluß mit der Neutralität gegenüber Angreifern und Angegriffenen, öffnen wir Bosnien die Türen der Europäischen Union, es muß zu einer Wende kommen«. Wir waren nicht sehr viele – gerade ein paar Tausend, – und unter den Italienern überwogen die Anhänger Pannellas. Der Großteil der Solidaritätsbewegung für das ehemalige Jugoslawien konnte nicht kommen oder wollte vielleicht auch nicht. Aber aus Spanien kamen viele, vor allem aus Katalonien; aus Frankreich gab es viele Komitees; wenige oder ganz wenige aus Belgien, Holland, Schweden, Großbritannien und Deutschland. Viele europäische Abgeordnete hatten den Aufruf unterzeichnet, die Mehrheit der Grünen und der Radikalen Partei, bekannte Christdemokraten und Sozialisten, einige Vertreter der Linken, verschiedene Angehörige der europäischen Berlusconi-Gruppe, einige Liberale und Regionalisten. Unter den Unterzeichnern finden sich viele große Namen, vom ehemaligen Kommissar der UNO José Maria Mendiluce (spanischer Sozialist) bis zu Otto von Habsburg, von Daniel Cohn-Bendit bis zu Michel Rocard… Etwa zwanzig kamen dann am 26. Juni 1995 tatsächlich nach Cannes. Über hundert bosnische Flüchtlinge, die von Italien aus Cannes erreichen wollten, wurden an der Grenze bei Ventimiglia gestoppt. »Seht, wieder einmal will uns Europa nicht haben«, lautete der bittere Kommentar. Eine Demonstration an der Grenze machte wenigstens die Absicht sichtbar.

Nach der Massenkundgebung empfängt Jaques Chirac persönlich. Ein Dutzend von uns darf sich mit ihm eine halbe Stunde vor Beginn der Gipfelkonferenz treffen. Seine Antwort auf unseren Appell besteht in einem »Ja«: die Blockade Sarajewos aufzuheben, gehöre zu den prioritären Zielen, aber es gäbe keine

Guten und Bösen und man dürfe keinen Krieg anzetteln. Die grüne belgische Abgeordnete Magda Aelvoet und ich schauen uns an. Beide sind wir seit langer Zeit Pazifisten. Es macht auf uns einen seltsamen Eindruck, praktisch als Kriegstreiber hingestellt zu werden von einem neogaullistischen Präsidenten, der erst wenige Tage zuvor die Wiederaufnahme der französischen Atomversuche im Pazifik angekündigt hatte!

Hier der von vielen erarbeitete und unterzeichnete Aufruf:

Seit drei Jahren sehen wir alle tagtäglich einem Krieg zu, der längst banal geworden ist, dessen bevorzugte Opfer Frauen, Kinder und alte Leute sind, die planmäßig von unerreichbaren Heckenschützen ins Visier genommen oder durch Granaten, die aus dem Nichts kommen, umgebracht werden. Drei Jahre waren also nötig, drei Jahre und die in der internationalen Gemeinschaft historisch einmalige, beschämende Geiselnahme von Blauhelmen der Vereinten Nationen, damit die führenden Politiker und die Medien Europas erkannten, daß es in diesem Krieg Angreifer und Angegriffene, Täter und Opfer gibt.

Drei Jahre nutzlose Politik der ›Neutralität‹ haben uns bei der bosnischen Bevölkerung jede Glaubwürdigkeit und bei den Angreifern jede Autorität genommen.

Nun stehen wir an einem Scheideweg.

Entweder ziehen wir die notwendigen Konsequenzen und verstärken unsere Präsenz – durch ein klares Mandat für die Blauhelme, durch eine klare Haltung gegenüber den Angreifern – und vermeiden dadurch letztlich auch, zu Komplizen einer Strategie der ethnischen Säuberung und Homogenisierung in Bosnien zu werden, oder wir geben der inakzeptablen Erpressung der bosnisch-serbischen Kräfte nach und fügen so den Vereinten Nationen ausgerechnet während der Feiern zum 50. Jahrestag ihrer Gründung die größte Demütigung zu.

Mehr als je zuvor müssen wir heute für unsere Ideale und Werte streiten und vor allem an jenes »Nie wieder« erinnern, das seit dem Ende des Zweiten Weltkriegs eine Losung für Europa geworden ist.

Mehr als je zuvor müssen wir uns wehren gegen jene, die in Bosnien eine ethnische und religiöse Säuberung als politisches Ideal hinstellen und Verbrechen gegen die Menschlichkeit begehen, um dieses durchzusetzen.

Die gegenwärtige Situation ist das Ergebnis der von unseren Regierungen betriebenen unkoordinierten, unentschlossenen und widersprüchlichen Politik. Die Europäische Union als solche schweigt zu alledem abwesend und machtlos.

Europa muß Zeugnis ablegen und handeln.

Die Integrität der bosnischen Gebiete und die Sicherheit ihrer Grenzen sollten endlich durch Europa gesichert werden. Doch das allein genügt nicht mehr. Um die weitgehend aufgebrauchte Glaubwürdigkeit wieder zu gewinnen, muß die Europäische Union einen außerordentlichen politischen Mut und eine bisher beispiellose politische Phantasie entwickeln.

Europa muß und kann dies tun. Es ist dies nicht nur der bosnischen Bevölkerung, sondern auch sich selbst schuldig. Denn das ist die Voraussetzung für eine Wiedergeburt Europas.

Gehen wir also zahlreich nach Cannes und fordern wir von den dort versammelten Staats- und Regierungschefs:

– Die konsequente Durchsetzung der Beschlüsse des Sicherheitsrats, insbesondere derer, die den ungehinderten Zugang der Hilfe für die Opfer zum Gegenstand haben

– Das Ende der Belagerung Sarajewos und anderer Städte und Enklaven Bosniens sowie wirkliche Sicherheit für die UN-Schutzzonen im ehemaligen Jugoslawien

– Eine Verstärkung der internationalen Präsenz und nicht einen Rückzug oder eine Einschränkung des Mandats der Blauhelme in Bosnien

– Angesichts einer Politik sogenannter Neutralität stellen wir uns auf die Seite der Angegriffenen und der Opfer

– Das Angebot an die völkerrechtlich anerkannte Republik Bosnien-Herzegowina, unverzüglich der Europäischen Union beitreten zu können. Dies entspricht dem Geist jener Solidarität, die das Europa beseelt, das wir wollen.

Denn Europa stirbt in Sarajewo oder wird hier neu geboren.

Tuzla, Mai 1995

Ein Monat vor Cannes und vor diesem Aufruf war die Stadt Tuzla bombardiert worden: eine Generation war ausgelöscht worden. Siebzig Jugendliche waren auf der Piazza getötet, Hunderte waren verwundet worden. Vier Tage zuvor hatte ich mich von dem Bürgermeister Selim Beslagic (Moslem und Reformer, d.h. Sozialdemokrat) verabschiedet, den ich mehrere Tage lang zusammen mit seinem Parteifreund Sejfudin Tokic nach Straßburg, Bozen und Bologna begleitet hatte. Der Bürgermeister Beslagic und seine an den Bürgern und nicht an den Ethnien orientierte Stadtverwaltung, (»zivil und nicht ethnisch«, sagen sie stolz) werden allgemein anerkannt als ein Bezugspunkt für friedliches Zusammenleben, Demokratie und Toleranz. Am Tag nach der Bombardierung seiner Stadt hat mir Beslagic per Fax eine Kopie seiner Botschaft an den Sicherheitsrat der UNO geschickt mit der Bitte, diese im Europäischen Parlament zu verbreiten. Darin heißt es:

»Ihr schaut zu und macht nichts, während ein neuer Faschismus uns bombardiert. Wenn Ihr, die Ihr die Möglichkeit dazu habt, nicht eingreift, um dieses Massaker zu beenden, seid Ihr Komplizen. Unmöglich, daß Euch das nicht bewußt ist«.

In Straßburg, Bozen und Bologna hatten wir mit unseren Gästen daran gearbeitet, die Möglichkeiten zu schaffen für die Eröffnung einer ›Botschaft der lokalen Demokratien‹ in Tuzla (eine existiert bereits in Osijek). Auch mit anderen Projekten waren wir weitergekommen (Wasserversorgung, Ersatzteile für Fabriken, Dejonisierungsanlagen, Jugendaustausch usw.). Und nun soll das mit einem Schlag zum großen Teil an Sinn und Hoffnung verlieren? Wozu das alles, wenn die Aggression dazu führt, ethnischen Haß in Tuzla wie in Mostar zu säen?

Sicher, einfache Lösungen gibt es nicht. Und zurückschauen hilft wenig. Wer wie ich glaubt, daß Europa einen großen Fehler beging, als es die Auflösung des alten Jugoslawien förderte, wird kaum übereinstimmen mit dem, der die neuen Unabhängigkeitserklärungen begeistert aufnahm (auch Linke; das magische

Wort ›nationale Selbstbestimmung‹ hatte einen großen Kurswert in vielen demokratischen und linken Kreisen).

So wird man nun eine Linie finden müssen, die unterscheiden hilft, wen und was man unterstützen, wen und was man bekämpfen soll. Diese Linie trennt nicht von sich aus Serben, Kroaten und von beiden wiederum die sogenannten Moslems, sondern könnte anders verlaufen: sie wäre Scheidelinie zwischen den verschiedenen Spielarten des ethnischen Alleinvertretungsanspruchs (mit seinen Säuberungen, Vertreibungen, seinem religiösen und ethnischen Fundamentalismus, den nationalen Gleichschaltungen, Ghettobildungen, den Diskriminierungen und der Unterdrükkung von Minderheiten) und einer Politik des friedlichen Zusammenlebens, der Demokratie, des Rechts, der Möglichkeit, anders zu sein und doch Teil einer gemeinsamen Ordnung, mit gleicher Würde und gleichen Rechten, ohne daß die Zugehörigkeit zu einer Minderheit ein Unglück sein muß, dem man so rasch wie möglich zu entkommen sucht, indem man eine Einheit bildet, in der man Mehrheit ist.

Um die Bedingungen für ein mögliches Zusammenleben schaffen zu können, gibt es einige notwendige Schritte.

Vor allem sollte es allen klar sein, daß man nicht für, sondern mit den ehemaligen Jugoslawen arbeiten will. Die Glaubwürdigkeit eines jeden Vorschlags, eines jeden politischen Plans ist um so größer, je mehr er Demokraten aus Serbien und Kroatien, Bosnien und Makedonien, Ungarn und Istrien zusammenführt und überzeugt.

Notwendige Schritte:

1. Die Wiederherstellung von Rechtsverhältnissen.

Man darf sich nicht wundern, daß so viele Bürger des ehemaligen Jugoslawien auf der Bildung eines Internationalen Gerichtshofs für Verbrechen gegen die Menschlichkeit bestehen! Die Trennung individueller Schuld und Verantwortung von den ethnischen und politischen Verallgemeinerungen und die Vorherrschaft des Rechts gegenüber der Willkür (und damit die Möglichkeit eines Schutzes der Schwachen vor den Starken) ist von entscheidender Bedeutung. Wie sollte sonst das Vertrauen in eine gerechtere Ordnung wiederkehren? Wie oft fragt man uns in Osteuropa nach den ›europäischen Normen und Gesetzen‹, um dieses oder jenes Problem anzugehen? Man will ein Gesetz, das nicht einfach vom Stärkeren gemacht und aufgezwungen wird.

2. Die wirksamste Friedenspolitik heute ist das Angebot der Integration.

Besser als jeder Vorschlag oder Friedensplan wirkt das einfache Angebot »kommt mit, schließt Euch an«. Das ungeduldige Drängen Osteuropas, Teil der NATO zu werden, erklärt sich leicht als Bedürfnis nach Sicherheit (immerhin hat es die NATO geschafft, gleichzeitig Griechen und Türken als Mitglieder zu halten). Der glaubwürdigste Vorschlag, um den Frieden in eine Region zu bringen, in der das vorige, gemeinsame Haus zerstört wurde, besteht im Angebot der Integration unter einem größeren gemeinsamen Dach, wo das Zusammenleben von Erbfeinden weniger bedingt wird. Deshalb sollte man allen Nachfolgestaaten des ehemaligen Jugoslawien die Türen Europas öffnen, unter der Bedingung jedoch, daß sie sich für das friedliche Zusammenleben und nicht für den ethnischen Alleinvertretungsanspruch, für einen demokratisch und nicht für einen ethnisch begründeten Staat entscheiden. (Natürlich impliziert eine solche Perspektive, daß wirklich gearbeitet wird an einem Ausbau des gemeinsamen europäischen Hauses und daß die Europäische Union sich sehr schnell in diese Richtung hin entwickelt).

3. Die größte Unterstützung muß dem angeboten werden, der den Dialog sucht und fähig ist, sich und andere zu integrieren.

Alle sogenannten Friedensverhandlungen haben in Wirklichkeit die Kriegsführer gestärkt, aufgewertet und legitimiert und haben ihre demokratischen Gegner an den Rand gedrängt. Denn nichts oder fast nichts wurde getan, um die Kräfte des Dialogs, der Reintegration, der Suche nach gemeinsamen Lösungen zu unterstützen. Man bräuchte richtiggehende Prämien oder Anreize für integratives Verhalten (Bonus) und Sanktionen gegen ethnische Bereinigungen und Alleinvertretungsansprüche (Malus). Zum Beispiel könnte man jene Gemeinden unterstützen, die die Rückkehr der Flüchtlinge ermöglichen oder jene Gruppen, die multiethnische und multi-konfessionelle Initiativen organisieren oder jene Medien, die auch die ›Andern‹ zu Wort kommen lassen usw. Teil dieser Strategie wäre auch die Unterstützung der Deserteure dieses Konflikts, also derer, die ihre persönliche Kraft und Fähigkeiten dem Krieg verweigern (und die deshalb ein Recht auf politisches Asyl verdienen). Kurz, der Dialog muß sich auszahlen und sollte Anerkennung und Unterstützung finden, während ethnische Alleinvertretung auf Sanktionen und negative Reaktionen stoßen müßte.

4. Größte Hilfe also für alle Netzwerke, die die Verbindungen wiederherstellen und pflegen.

Netzwerke von Studenten und Professoren, Partnerschaften zwischen Städten, Komitees für Menschenrechte, gemeinsame Arbeit derer, die im Informationsbereich tätig sind. Viel könnte auch von den Auslands-Emigranten aus dem ehemaligen Jugoslawien getan werden.

5. Weiteren Konflikten vorbeugen.

Es gibt derzeit Situationen im Vorkriegsstadium, wo eine gewalttätige Explosion der Konflikte vielleicht noch verhindert werden kann (Kosovo, Mazedonien, Vojvodina...), was aber eine große Aufmerksamkeit, eine starke internationale Präsenz und eine intensive, politische und zivile Tätigkeit verlangt. In diesen Fällen kann man noch Einfluß nehmen darauf, in welche Richtung sich die Dinge entwickeln. Nichts sollte zu kompliziert oder zu ›teuer‹ sein, um es nicht zu versuchen. Ein bewaffneter Konflikt wäre in jedem Fall menschlich, politisch und materiell kostspieliger. Die Unterstützung der Kräfte, die in diesen Regionen eine Möglichkeit des friedlichen Zusammenlebens suchen und die Entmutigung derer, die eine ethnische ›Bereinigung‹ wollen, müßten vorrangiges Ziel einer Friedenspolitik sein.

6. Warum organisieren wir nicht einen Teil der freiwilligen Hilfe als ziviles, europäisches Friedenskorps?

Heute arbeiten solidarisch Zehntausende von Freiwilligen im ehemaligen Jugoslawien. Sie haben in diesen Jahren enorme Kenntnisse und Erfahrungen gesammelt. Viele sind frustriert durch ihre Rolle als ›Rotes Kreuz‹, das nur den Opfern helfen und nichts tun kann, um den Krieg zu beenden. Unter diesen freiwilligen Helfern besteht ein großes Bedürfnis nach einem politischen Engagement, das über die Pufferfunktion hinausgeht, die sie objektiv ausüben. Warum sollte diese außerordentliche Erfahrung nicht in ein ziviles, europäisches Friedenskorps umgewandelt werden, das die Europäische Union sich zu eigen macht und angemessen organisiert? In dieser genau umrissenen, politischen Verantwortlichkeit könnte das Friedenskorps zahlreiche Aufgaben übernehmen: Konflikten zuvorkommen, sie mildern und vermitteln auf Grund einer räumlichen Präsenz, einer Fähigkeit zum Dialog und einer ständigen Kontrolle dessen, was passiert; die Versöhnung betreiben oder zumindest die dafür notwendigen Kontakte herstellen und pflegen. Das Europäische Parlament hat sich kürzlich (18. 5. 1995) für die Bildung eines solchen Friedenskorps ausgesprochen, und es gibt dafür kein besseres Vorbild als das der Freiwilligen im ehemaligen Jugoslawien, die mit ihrer reichen und vielfältigen Erfahrung in fast allen europäischen Ländern eine außergewöhnliche Kompetenz, Fähigkeit zur Initiative und Solidarität entwickelt haben.

Aber…

Trotzdem bleibt ein ›aber‹, und es ist dieses ›aber‹, das uns zum Appell von Cannes bewogen hat. Wenn kein klares Zeichen gesetzt wird, daß Aggression sich nicht auszahlt und daß es niemand erlaubt sein darf, loszuziehen, um Gebiete zu erobern, die anschließend ethnisch ›gesäubert‹ werden, ist jede weitere zivile Bemühung auf Sand gebaut. In Sarajewo assoziiert man inzwischen mit dem Wort ›Europa‹ das Wort ›Cetnik‹, und es gibt bisher keine europäische Politik, die darauf schließen ließe, daß demokratisch begründete Staaten den ethnisch begründeten vorgezogen werden.

Wer diese Tatsache nicht wahrhaben will, fährt fort, Karadžić und Izetbegović auf die gleiche Ebene zu stellen und nimmt den durchaus vielversprechenden Beginn eines Dialogs zwischen gemäßigten Bosniern und gemäßigten Serben aus Pale bereits als

Beweis der Möglichkeit einer Alternative zu dem, was die ›Militarisierung des Konflikts‹ genannt wird.

Wie können wir weiter von der UNO und der OSCE schwatzen und von ihrer künftigen Funktion als einer Architektur des Friedens und der Sicherheit, wenn die UNO-Soldaten zu Geiseln werden und wenn ihr Mandat ihnen gerade nur so viel zugesteht, daß sie sich und ihre Kameraden schützen können?

Zehn Punkte für ein Zusammenleben zwischen Volksgruppen, Konfessionen, Ethnien

1. Das gemeinsame Vorkommen mehrerer Volksgruppen wird immer häufiger der Normalzustand, nicht die Ausnahme sein; die Alternative lautet: entweder ethnische Ausgrenzung oder Zusammenleben

Es wird immer häufiger vorkommen, daß in Europa Gemeinschaften verschiedener Sprache, Kultur, Religion, ethnischer Zugehörigkeit gemeinsam siedeln – vor allem in größeren Städten. Dies ist nicht neu. Auch im Altertum und im Mittelalter gab es in vielen europäischen Städten afrikanische, griechische, armenische, jüdische, deutsche, spanische... Gemeinden.

Das Zusammenleben zwischen Volksgruppen*, Kulturkreisen, Konfessionen, Sprachen, Nationen u. dgl. gehört somit zum europäischen Normalzustand und ist keine außergewöhnliche Ausnahme – und dies wird zukünftig immer häufiger vorkommen. Damit ist noch nicht gesagt, daß dies leicht oder problemlos gelingt; ganz im Gegenteil. Fremdes, Ungewohntes, Verschiedenes kann das Leben komplizieren, Mißtrauen oder Angst erwecken, Spannung herbeiführen und unter Umständen Konflikt oder Konkurrenz bis zum extremen ›entweder/oder‹ (›mors tua, vita mea‹) steigern. Daß der Umgang mit Fremden nicht immer leicht ist, weiß man selbst aus der Erfahrung von Menschen, die aus einem Tal ins andere heiraten oder umsiedeln: gegenseitiges Kennenlernen, Anpassung, Respekt sind gefordert. Die Zunahme von großen Wanderungsströmen und die hohe Mobilität, die mit der modernen Industrie- und postindustriellen Gesellschaft

* Die Ausdrücke ›Volksgruppe‹ und ›ethnisch‹ sollen hier – ohne Anspruch auf wissenschaftliche Präzision – als die heute üblichsten Benennungen für Gemeinschaften oder Gemeinschaftsempfinden verwendet werden, die mit Nation, Sprache, Religion, Kultur u. dgl. zu tun haben und somit eine gemeinsame Zugehörigkeit, ein kollektives ›Wir‹ begründen, das sich unter Umständen bis zum Ethnozentrismus steigern kann.

zusammenhängt, führt unweigerlich auch zu wesentlich häufigeren und viel weiter verbreiteten Gelegenheiten inter-kultureller und inter-ethnischer Berührung und Begegnung – und zwar in allen Teilen der Welt. Zum ersten Mal in der Geschichte ist es – vielleicht? hoffentlich! – möglich, so erhebliche Wanderungen und Verschiebungen von Personen, Gruppen und Völkern auf friedliche Weise zu bewältigen, obwohl sie häufig durch Gewalt (Elend, Ausbeutung, Umweltzerstörung, Krieg, Verfolgung...) verursacht wurden. Doch genügen weder Rhethorik noch guter Wille, um damit fertigzuwerden: will man tatsächlich das Zusammenleben zwischen unterschiedlichen Personen oder Gruppen auf demselben Territorium aufbauen, gilt es, eine umfassende und vielschichtige Kunst des Zusammenlebens zu entwickeln. Andererseits wird aber auch immer deutlicher, daß die forcierte Durchsetzung vermeintlicher ethnischer oder vergleichbarer (wie etwa konfessioneller, nationaler, stammesbezogener, ›rassischer‹) Rechte durch Zielsetzungen wie Errichtung ethnischer Staatswesen, Durchführung ›ethnischer Säuberungen‹ oder ›nationaler Gleichschaltung‹, durch ethnische Separation oder Sezession u. dgl. m. Konflikte und Kriege unvorhersehbaren Ausmaßes nach sich zieht. Die Alternative zwischen ethnischer Ausgrenzung (wie immer man sie begründen mag – selbst wo es sich um Selbstschutz handelt) einerseits und pluri-ethnischem Zusammenleben andererseits ist heute die eigentliche Schlüsselfrage der Volksgruppenproblematik: mag es sich dabei um unterdrückte oder minderheitliche Volksgruppen handeln, mögen sie vor kürzerer oder längerer Zeit eingewandert sein, mag es um religiöse oder ethnische Minderheiten gehen, mag ethnisches Erwachen oder der Konflikt zwischen Volksgruppen, Konfessionen oder Kulturen im Spiel sein.

Pluri-ethnisches Zusammenleben kann als Bereicherung und neue Chance empfunden werden – aber auch als negativer Zustand, zu dem man sich verurteilt fühlt. Nicht Predigten gegen Rassismus, Intoleranz und Fremdenhaß werden den Durchbruch bringen, sondern viel eher positive Erfahrungen und Projekte, die eine Kultur des Zusammenlebens glaubhaft verkörpern.

2. Identität und Zusammenleben sind nicht trennbar; kein Zwang zum Einschluß, kein Zwang zum Ausschluß

»Je klarer wir trennen, desto besser verstehen wir uns«: diese Devise galt früher für lange Zeit in Südtirol, unter diesem Motto geht man auch heute an die verschiedensten Situationen heran, wo mehrere Volksgruppen gemeinsam vorkommen und man die damit verbundenen Probleme im wesentlichen durch Trennung lösen möchte. Die Idee der ›melting pots‹ (Schmelztiegel) – wie man beispielsweise in den USA anstrebt – begeistert niemanden in Europa, gegen mehr oder weniger erzwungene Assimilation wehrt man sich vielerorts. Aber gleichzeitig gibt es Bewegungen für Gleichheit, gegen ethnische Ausgrenzung und Diskriminierung, für Gleichberechtigung. Da ist ein Widerspruch.

Bisher wurde oft entweder die Politik des zwangsweisen Einschlusses (Assimilierung, Verbot und Unterdrückung sprachlicher oder religiöser Vielfalt) oder des zwangsweisen Ausschlusses (Ausgrenzung, Ghettoisierung, Vertreibung, Vernichtung) versucht – beide haben weder Gerechtigkeit noch Befriedung gebracht. Gefordert ist hingegen eine breitere Palette individueller und kollektiver Optionen: es braucht sowohl ›ethnische Intimität‹ (das Unter-sich-Sein) als Begegnung und Kooperation zwischen Volksgruppen. Gewährleistung der Erhaltung der Eigenart, einerseits, und echte Gleichberechtigung und Partizipation andererseits gehören zusammen und ergänzen sich gegenseitig. Dies erfordert jedoch nicht nur entsprechende öffentliche und verbindliche Regelungen und Institutionen, sondern vor allem, daß sich die betroffenen Volksgruppen für den Weg des Zusammenlebens statt der Konfrontation entscheiden.

3. Gegenseitiges Kennenlernen, Dialog, Information, Interaktion: »je mehr wir miteinander zu tun haben, desto besser verstehen wir uns«

Das Zusammenleben bietet und fordert viele Möglichkeiten gegenseitigen Kennenlernens. Damit dies mit gleicher Würde und ohne Ausgrenzung geschehen kann, braucht es die größtmögliche gegenseitige Kenntnis. »Je mehr wir miteinander zu tun haben, desto besser verstehen wir uns«, könnte die Antwort auf das oben zitierte Trennungsgebot lauten. Sprache, Geschichte, Kultur, Bräuche, Gewohnheiten, Ängste, Vorurteile, Stereotype der verschiedenen zusammenlebenden Volksgruppen kennen und verstehen zu lernen, trägt entscheidend zu guten Beziehungen bei. Eine ganz besonders wichtige Aufgabe kann dabei von Informationsträgern übernommen werden, die sich gleichzeitig an mehrere Volksgruppen wenden (Zeitungen, TV- und Rundfunksendungen, Veranstaltungen in mehreren Sprachen und/oder Kulturen), aber auch gemeinsame Möglichkeiten zur Gestaltung der Freizeit, zum Lernen, usw. Jede Gelegenheit zur Begegnung, jedes Angebot an die ›anderen‹, zumindest hin und wieder einen Blick in das Innenleben der eigenen Volksgruppe zu werfen (z.B. an Festen teilzunehmen), auch nur gelegentliche Einladungen zum Essen oder zu Ausflügen können da eine große Rolle spielen. Gemeinsame Geschichtsbücher, gemeinsames Begehen öffentlicher Anlässe, möglicherweise auch gemeinsames Gebet oder Meditation können stark dazu beitragen, die Gefahr ethnozentrischer Selbstübersteigerung in Grenzen zu halten und nicht gefährliche Selbstverständlichkeiten wachsen zu lassen.

4. Ethnic is beautiful? Ja, aber nicht eindimensional: es gibt auch noch andere gemeinsame Nenner (Umwelt, Geschlecht, soziale Anliegen, Freizeit...)

Eine Gemeinschaft nach ethnischen Kriterien zu strukturieren, mag seine Legitimität und manchmal auch seine guten Gründe haben. Nur muß es sich um eine freie und demokratische Organisationsweise handeln, nicht um eine ausschließliche und dadurch wiederum totalitäre Einengung auf eine einzige Dimension. Man wird also zu akzeptieren haben, daß es ethnische Parteien, ethnische Vereine, ethnische Clubs, vielleicht sogar ethnisch strukturierte Kirchen und Schulen geben kann. Will man aber das Zusammenleben stärker fördern als die ethnische Isolierung und/oder Selbstisolierung, gilt es, auch alle anderen Dimensionen des persönlichen und gemeinschaftlichen Lebens aufzuwerten, die sich nicht in erster Linie ethnisch strukturieren. Man denke dabei zuallererst an die gemeinsame Sorge für Umwelt und Lebensraum, aber auch an berufliche, soziale, altersbedingte und viele andere Interessen. Gerade die besondere Sensibilität von Frauen kann in vielen Fällen quer zu ethnischer Abgrenzung verbindend wirken. Es darf nicht dazu kommen, daß Menschen ihr ganzes Leben und ihren gesamten Tagesablauf in Strukturen und Zusammenhängen verbringen, die vor allem ethnisch gekennzeichnet sind: sie brauchen auch Gelegenheiten, bei denen es selbstverständlich zu inter-ethnischer und inter-kultureller Begegnung kommt. Insofern ist es besonders wichtig, daß sich die einzelnen Menschen verschiedener Volksgruppen nicht bloß auf dem Umweg über die sozusagen offizielle Vertretung ihrer Volksgruppe – also von Block zu Block, von Lager zu Lager – begegnen. Deshalb ist es von so großer Bedeutung, daß auch in stark ethnisch gefärbten Gesellschaften und Strukturen Menschen- und Personenrechte gelten, die – neben den notwendigen kollektiven Rechten und Garantien – auch den einzelnen Personen Sicherheit bieten. Gewiß, viele Rechte haben ihre ethnische und damit notwendigerweise eine kollektive Dimension: sie haben mit Sprache, Schutz der Tradition usw. zu tun, doch nicht alle kollektiv begründeten Rechte müssen auf ethnischer Basis in Anspruch genommen werden; insbesondere soziale und umweltbezogene Rechte (Wohnung, Arbeit, Fürsorge, Gesundheitsschutz, usw.) müssen unabhängig von jeder ethnischen Zuordnung beanspruchbar sein.

5. Ethnische Zugehörigkeit so durchlässig als möglich machen, Zugehörigkeit und Mitmachen auf mehreren Seiten nicht ausschließen

Normalerweise bedarf es keiner besonderen Festlegung, um die ethnische Zugehörigkeit zu bestimmen und abzugrenzen: sie geht auf Geschichte, Tradition, Erziehung, Gewohnheiten zurück, noch lange bevor sie bewußte Option, gewollte Entscheidung wird. Je rigider und je forcierter aber die Festlegung der Zugehörigkeit und die Abgrenzung gegenüber anderen wird, desto bedrohlicheres Konfliktpotential steckt in solchen Regelungen.

Die Aufbauschung ethnischer Treue oder gar die erzwungene ethnische Loyalität etwa im Gebrauch der Sprache, Teilnahme an religiösen Übungen oder in der Bekleidung (bis hin zum Uniformzwang), aber auch im alltäglichen Verhalten, und erst recht die gesetzliche Definition einer rechtswirksamen Zugehörigkeit (samt Eintragung in Register oder dergleichen) tragen in sich den unheilvollen Auftrag, einander zu zählen und zu messen, was auch Kraftproben, Tauziehen und Majorisierung bedeuten kann – bis hin zur Errichtung von Barrikaden und sonstigen geradezu physischen Grenzziehungen, bis hin zur Forderung nach einem je eigenen Siedlungsgebiet für jede Volksgruppe.

Deshalb ist es so wichtig, eine pragmatischere und flexiblere – vor allem: weniger exklusive – Auslegung der Zugehörigkeit zu einer Volksgruppe, Konfession u. dgl. zu bevorzugen: es muß eine gewisse Osmose mit fließenden Übergängen zwischen verschiedenen Gemeinschaften möglich sein, es muß für Grenzgänger erlaubt sein, sich da und dort zuzugesellen und teilzuhaben, es braucht – neben dem klar definierten Territorium – auch ›Grauzonen‹, Freiräume für Begegnung (›Freihandelszonen‹, würde man sie kommerziell nennen), Existenzmöglichkeiten mit einem möglichst geringen Definitionszwang, ohne Herumreiten auf ethnischer oder konfessioneller Disziplin, dafür mit Chancen auf freieren Austausch, Kommunikation, Interaktion.

Man muß vermeiden, Personen gesetzlich in eine ethnische, konfessionelle oder gar rassische Schablone zu zwängen, ja, sie womöglich zu kennzeichnen – dies zu verhindern, gehört zu den notwendigen Vorbeugungsmaßnahmen gegen ethnische Konflikte, Xenophobie, Rassismus, Vertreibungsgelüste.

Die echte Selbstbestimmung der Personen und der Volksgruppen darf nicht vor allem die Festlegung der eigenen Grenzen oder den Erlaß von Zugangsverboten im Auge haben, sondern muß vielmehr von der positiven Benennung von Wert- und Zielvorstellungen ausgehen, und darf auf keinen Fall soweit gehen, daß Ausschließlichkeit und Trennung damit verbunden sind. Es muß auch die Möglichkeit geben, mehreren Gemeinschaften gegenüber offen und loyal zu sein – ohne Exklusivanspruch! Vor allem Kinder von Einwanderern oder aus ›gemischten‹ Familien, ebenso wie Personen mit stark pluralistischen oder kosmopolitischen Zügen brauchen diese Chance.

6. Pluri-ethnisches Zusammenleben muß auch sichtbar anerkannt werden: Rechtsordnungen, Symbole, Alltagsgesten müssen ausdrücklich das Heimatrecht für die Vielfalt verkörpern

Das gemeinsame Vorkommen von verschiedenen Volksgruppen, Sprachen, Kulturen, Religionen, Traditionen ... auf dem gleichen Siedlungsgebiet, in der gleichen Stadt, erheischt Anerkennung und sichtbares Heimatrecht. Die Angehörigen verschiedener Volksgruppen usw. müssen sich ›daheim‹ fühlen können, ihr Bürgerschaftsrecht muß anerkannt sein, ihr Anspruch auf Verwurzelung muß berücksichtigt werden. Zwei- oder Mehrsprachigkeit, entsprechender Freiraum und Existenzrecht für die verschiedenen religiösen, kulturellen, sprachlichen und sonstwie ›ethnisch‹ charakterisierten Einrichtungen gehören ebenso dazu wie das Vorhandensein von Strukturen und Möglichkeiten zur Begegnung. Je deutlicher das Heimatrecht und damit der freie Ausdruck von Identität auf dem ganzen gemeinsamen Siedlungsgebiet gesichert sind und je sichtbarer somit verschiedene Religionen, Sprachen und Kulturen auftreten können, desto weniger Raum wird die Forderung nach eigenen und exklusiven Territorien, Institutionen usw. finden, und desto weniger wird man sich streiten müssen, wem dieser oder jener Ort ›gehört‹ – man denke nur an die peinlichen jahrhundertealten Streitigkeiten zwischen Religionen und Konfessionen um den exklusiven Anspruch auf die verschiedenen heiligen Stätten Jerusalems! Jede Art des ethnischen Exklusivismus oder Totalitarismus läßt sich leichter vermeiden, wenn die gleichzeitige Präsenz mehrerer Volksgruppen durch die selbstverständliche Vielfalt von Zeichen, Sprachen, Symbolen, Einrichtungen gewährleistet wird. (Bischof Franjo Komarica von Banja Luka, einer heute sehr umstrittenen pluriethnischen Stadt Kroatiens mit serbischer Mehrheit, drückt dies so aus: »eine Wiese mit vielen verschiedenen Blumen ist viel schöner als eine, wo nur eine einzige Blumenart blüht«.)

Europa hat mühsam und nach vielen Kriegen gelernt, die konfessionelle Vielfalt auf demselben Territorium zu akzeptieren, ohne daß die eine Konfession über die anderen herrschen oder die anderen vertreiben müßte. Nun muß diese Akzeptanz auch auf das Neben- und Miteinander von Volksgruppen, Nationen, Ethnien ausgedehnt werden; ein Zusammenleben, das die Anerkennung geeigneter individueller und kollektiver Rechte erfordert, um allen die gleiche Würde und die gleiche Freiheit zu sichern. Dies muß die Regel werden, nicht die Ausnahme bleiben.

7. Rechte und Garantien sind wesentlich, genügen aber nicht; ethnozentrische Regeln fördern ethnozentrisches Verhalten

Man darf nicht glauben, daß ethnische Identität – ebenso wie das inter-ethnische Zusammenleben – vor allem durch Gesetze, Institutionen, Strukturen und Gerichte gesichert werden kann. Vielmehr kommt es auf Verhaltensweisen und gesellschaftlichen Konsens der betroffenen Menschen und Gruppen an. Doch soll man die Wichtigkeit einer klaren und für alle verbindlichen Rechtsordnung nicht unterschätzen, die allen das Recht auf Eigenart (durch Absicherung sprachlicher, kultureller, schulischer, konfessioneller und sonstiger Rechte) sichert, allen Gleichberechtigung gewährleistet (Teilnahme, Information, Diskriminierungsschutz...) und die notwendige Selbstregierung ohne jeden Zwang zum Anschluß an die eine oder andere Gruppe anerkennt. Insofern ist es besonders wichtig, daß dort, wo mehrere Volksgruppen, Konfessionen usw. gemeinsam leben, die lokale Selbstverwaltung möglichst weit geht, damit alle zusammenlebenden Menschen und Volksgruppen gemeinsame Verantwortung und gemeinsame Zugehörigkeit zu dieser besonderen gemeinsamen Heimat entwickeln können. Gerade ein hohes Maß lokaler Selbstregierung kann auch ein gutes Gegenmittel gegen Anschlußgelüste, Grenzveränderungen u.dgl... sein, die erfahrungsgemäß leicht zu Konflikt und Krieg führen können.

Im übrigen sollte man bedenken, daß stark ethnozentrisch gefärbte Rechtsordnungen (in denen ethnische Zugehörigkeit und ethnische Trennung stark hervorgehoben werden) naturgemäß auch eher ethnozentrische Verhaltensweisen fördern und daher unvermeidlich Spannung und Konflikt stimulieren, während Gesetze, Strukturen und Rechtsordnungen, die eher den Dialog und die Zusammenarbeit zwischen Volksgruppen fördern, naturgemäß eine Kultur und Politik des guten Zusammenlebens ermutigen und stärken.

8. Von der Wichtigkeit der Vermittler, Brückenbauer, Mauerspringer, Grenzgänger; es braucht ›Verräter der ethnischen Geschlossenheit‹, doch keine ›Überläufer‹

Wo immer Volksgruppen, Ethnien, Konfessionen u. dgl. auf demselben Raum zusammenleben, gibt es eine Ausgangssituation mit geringer gegenseitiger Kenntnis und Vertrautheit. Eine enorm wichtige Rolle können da Personen, Gruppen, Institutionen spielen, die sich bewußt entlang der Grenze zwischen den zusammenlebenden Gruppen bewegen und sich insbesondere der Aufgabe widmen, gegenseitiges Kennenlernen, Dialog und Zusammenarbeit zu fördern. Die Veranstaltung gemeinsamer Ereignisse oder Begegnungen, gemeinsame Aktionen u. dgl. entstehen ja nicht aus dem Nichts, sondern erfordern eine zähe und sensible Anbahnungsarbeit, wobei auch sehr viel Vermittlung und Einfühlung notwendig ist, die Sorgfalt und Glaubwürdigkeit erfordert. So wichtig es in Situationen des Zusammenlebens sein mag, die Eigenart der verschiedenen Gruppen zu pflegen, so bedeutsam ist es aber auch, daß es Kräfte gibt, die sich vor allem der Erkundung, Aufweichung und schließlich Überschreitung der Grenzen widmen. Wo Spannung oder Konflikt besteht, mag solche Tätigkeit als gefährlich beurteilt oder als Schmuggel unterbunden werden – trotzdem ist sie wesentlich, um Starrheit, Abgrenzung und Feindseligkeit aufzulösen und Interaktion zu fördern.

Nationalismus, Chauvinismus, Rassismus, religiöser Fanatismus u. dgl. gehören zu den explosivsten Sprengkräften, die das gesellschaftliche Zusammenleben bedrohen – mehr als beispielsweise soziale, ökologische oder wirtschaftliche Faktoren. Praktisch alle Bereiche des sozialen Lebens werden angesprochen und stimuliert: Kultur, Wirtschaft, Alltag, Vorurteile, Gewohnheiten ... nicht nur Politik oder Religion. Deshalb ist es so ungeheuer wichtig, daß ethnischer Konfliktstoff rechtzeitig erkannt und entschärft wird. Und gerade dazu braucht es die Abwehrkräfte gegen diesen Virus, die es in jeder Gemeinschaft gibt und die rechtzeitig unterstützt werden müssen, will man Explosionen verhindern. ›Verräter der ethnischen Geschlossenheit‹ gehören zu den wichtigsten Abwehrkräften und bewahren kritische Distanz auch zur eigenen Gruppe – nur dürfen sie sich niemals in ›ethnische Überläufer‹ ins andere Lager verwandeln, sonst verlieren sie ihre Wurzeln und werden sofort völlig unglaubwürdig. Gerade im Konfliktfall ist es von grundlegender Wichtigkeit, die divergierenden ethnischen Anliegen zu relativieren, die ethnische Geschlossenheit und die Versuchung, Schutzmächte von außen zu mobilisieren, in Grenzen zu halten, und dafür eher die gemeinsame Bindung an den gemeinsamen Lebensraum zu unterstreichen. Dazu braucht es Menschen, die fähig sind, die ethnische Geschlossenheit als obersten Wert zu unterlaufen und zu überwinden.

9. Eine Grundvoraussetzung: Gewalt muß ausgeschlossen sein

Selten wird es inter-ethnisches Zusammenleben ganz ohne Spannungen, Konkurrenz, Konflikte geben. Eher ist es – leider – so, daß ethnisches Konfliktpotential (zwischen Konfessionen, Nationen, Volksgruppen, Ethnien, ›Rassen‹ ...) eine enorme Mobilisierungskraft und die Fähigkeit in sich trägt, sehr schnell kollektive Emotionen, Solidarität, Kompaktheit, Ressentiments, Rache usw. auf den Plan zu rufen. Ethnische Konflikte sind wie kaum sonst welche imstande, Geschlossenheit zu schaffen, und lassen sich nur schwer in rationale Bahnen lenken, wenn sie außer Kontrolle geraten.

Da hat eine Grundvoraussetzung Vorrang vor allen anderen: jeder Art von Gewaltanwendung muß sofort Einhalt geboten werden! Wo immer der Keim der Gewalt in ethnischen Auseinandersetzungen auftaucht, muß man ihm mit äußerster Energie entgegentreten, denn würde er toleriert, käme damit eine verheerende Spirale in Bewegung, die kaum mehr aufzuhalten ist. Auch hier ist es nicht in erster Linie eine Frage der Polizei oder der Rechtsordnung, sondern vor allem einer ganz entschiedenen moralischen, gesellschaftlichen Absage an die Gewalt; einer festverwurzelten und überzeugenden ethischen Entscheidung zugunsten demokratischer, gewaltfreier Konfliktlösung.

10. Vordenker und Vorläufer des Zusammenlebens: gemischte Gruppen

In Situationen des Zusammenlebens, der inter-ethnischen Spannung oder gar des Konflikts, gibt es ein unschätzbar wertvolles Friedensinstrument: nämlich gemischte inter-ethnische (inter-konfessionelle, inter-kulturelle...) Gruppen (so klein und bescheiden sie auch sein mögen). Solche Gruppen können am eigenen Leibe pionierhaft die Probleme, die Schwierigkeiten und die Chancen des inter-ethnischen Zusammenlebens erproben. Solche Gruppen können in den verschiedensten Feldern tätig sein: ob in Religion oder Politik, im Sport oder in der Freizeit, in Gewerkschafts- oder Kulturarbeit... In jedem Fall wird in solchen Gruppen das Zusammenleben in all seinen Aspekten praktisch erprobt und geübt – wer die schwierige Kunst des Zusammenlebens schätzt oder gar erlernen möchte, wisse, daß gemischte Gruppen der beste Weg dazu sind. Sie stellen heute wohl das einfachste und gleichzeitig das wirksamste Gegenmittel gegen den allerorts aufflackernden ethnischen Konflikt und gegen den Rückfall in ethnozentrische Barbarei dar.

Quellennachweise

»Chancen und Hindernisse für eine Zweisprachigkeit in Südtirol«, in: P. H. Nelde (Hrsg.): *Vergleichbarkeit von Sprachkontakten,* F. Dümmlers Verlag, Bonn 1983.

»Mane Thekel Phares: Bibel, Option, Bischof«, in: *Sturzflüge,* Bozen, April 1982.

»Andreas Hofer, die Franzosen und wir«, in: *Tandem,* Bozen, März 1984.

»Minima Personalia«, in: *Belfagor,* Florenz, März 1986; und als erweiterte Fassung in: *Una città,* Forlì, September 1995. Aus dem Italienischen übersetzt von Peter Kammerer.

»Kosovo – Palästina. Eine Reise«, in: *Kommune,* Frankfurt, Juni 1991.

»Nationalismus und Föderalismus in Europa heute«, Referat für das Goethe-Institut-Kolloquium über »Föderalismus, Demokratie, Europa« in der Villa Vigoni, 6. 11. 1991.

»Die Erde nach Rio«, zwei Artikel in: *FF. Die Südtiroler Illustrierte,* Bozen, Nr. 25, Juni 1992 (gekürzt).

»Regiert Geld die (Um)welt?«, Thesen für eine Podiumsdiskussion in Luzern, European Environmental Medicine Conference, 27. 4. 1993.

»Die EG- und die Berglandwirtschaft – Einsicht in letzter Minute?«, Einleitungsreferat auf der Tagung »Bergbauern vor dem Abrutschen?«, Schloß Goldrain, Juni 1993.

»Ach diese Deutschen, ach diese Grünen«, in: Birgit Cramon Daiber (Hrsg.): *Notizen vagabundierender Europäerinnen und Europäer,* Die Grünen im Europäischen Parlament, Brüssel, Januar 1994.

»Über die Ausweitung der Europäischen Union«, Referat für das Hearing der europäischen Grünen zur Regierungskonferenz 1996, Brüssel, 31. 3.–1. 4. 1995.

»Was hat die EG in Jugoslawien falsch gemacht?«, in: *Standard,* Wien, 24. 6. 1993.

»Einige bescheidene Vorschläge für positive Schritte auf dem Weg zu einer Lösung des Kosovo-Konflikts«, Stellungnahme auf der Konferenz »Kosovo, confrontation or coexistence«, Amsterdam / Nijmegen, 21.–25. 2. 1994.

»Europa stirbt oder wird wiedergeboren in Sarajewo«, in: *La terra vista dalla luna,* Rom, Juli 1995. Aus dem Italienischen von Peter Kammerer.

»Zehn Punkte für ein Zusammenleben zwischen Volksgruppen, Konfessionen, Ethnien«, in: *Kommune,* Frankfurt, 8/1995.

ALEXANDER LANGER, geboren 1946 in Sterzing (Südtirol), Mitbegründer der Grünen Italiens. Seit 1989 Mitglied des Europäischen Parlaments. Er starb 1995 in Florenz.